Player's Name

KISMET SCORE CARD

	Basic Section	Scoring	Game 1				
1	Aces	1 For Each Ace					
2	Deuces	2 For Each Deuce					
3	Treys	3 For Each Trey					
4	Fours	4 For Each Four					
5	Fives						
6	Sixes						
Bonus Scores	If Total						
	If Total						
	If Total						
	Basic Section Total						

	Kismet Section	Scoring					
7	2 Pair – Same Color	Total all dice					
8	3 Of A Kind	Total all dice					
9	Straight – 1,2,3,4,5 Or 2,3,4,5,6	30					
10	Flush (All Same Color)	35					
11	Full House	Total all dice plus 15					
12	Full House – Same Color	Total all dice plus 20					
13	4 of a kind	Total all dice plus 25					
14	Yarborough	Total All Dice					
15	Kismet	Total all dice plus 50					
Kismet Section Total							
Basic Section Total							
Final Total							

Kismet Score Sheet

Player's Name

	Basic Section	Scoring	Game 1	Game 2	Game 3	Game 4	Game 5	Game 6
1	Aces	1 For Each Ace						
2	Deuces	2 For Each Deuce						
3	Treys	3 For Each Trey						
4	Fours	4 For Each Four						
5	Fives	5 For Each Five						
6	Sixes	6 For Each Six						
	Total							
	Bonus Scores	If Total Is 63 – 70 : Bonus Score – 35 If Total Is 71 – 77: Bonus Score – 55 If Total Is Over 78 : Bonus Score – 75						
	Basic Section Total							
	Kismet Section	Scoring						
7	2 Pair – Same Color	Total all dice						
8	3 Of A Kind	Total all dice						
9	Straight – 1,2,3,4,5 Or 2,3,4,5,6	30						
10	Flush (All Same Color)	35						
11	Full House	Total all dice plus 15						
12	Full House – Same Color	Total all dice plus 20						
13	4 of a kind	Total all dice plus 25						
14	Yarborough	Total All Dice						
15	Kismet	Total all dice plus 50						
	Kismet Section Total							
	Basic Section Total							
	Final Total							

Kismet Score Sheet

Player's Name:

	Basic Section	Scoring	Game 1	Game 2	Game 3	Game 4	Game 5	Game 6
1	Aces	1 For Each Ace						
2	Deuces	2 For Each Deuce						
3	Treys	3 For Each Trey						
4	Fours	4 For Each Four						
5	Fives	5 For Each Five						
6	Sixes	6 For Each Six						
	Total							
Bonus Scores	If Total Is 63 – 70 : Bonus Score – 35 If Total Is 71 – 77: Bonus Score – 55 If Total Is Over 78 : Bonus Score – 75							
	Basic Section Total							

	Kismet Section	Scoring	Game 1	Game 2	Game 3	Game 4	Game 5	Game 6
7	2 Pair – Same Color	Total all dice						
8	3 Of A Kind	Total all dice						
9	Straight – 1,2,3,4,5 Or 2,3,4,5,6	30						
10	Flush (All Same Color)	35						
11	Full House	Total all dice plus 15						
12	Full House – Same Color	Total all dice plus 20						
13	4 of a kind	Total all dice plus 25						
14	Yarborough	Total All Dice						
15	Kismet	Total all dice plus 50						
	Kismet Section Total							
	Basic Section Total							
	Final Total							

Kismet Score Sheet

Player's Name								
	Basic Section		Scoring	Game 1	Game 2	Game 3	Game 4	Game 5	Game 6
1	Aces		1 For Each Ace						
2	Deuces		2 For Each Deuce						
3	Treys		3 For Each Trey						
4	Fours		4 For Each Four						
5	Fives		5 For Each Five						
6	Sixes		6 For Each Six						
	Total								
Bonus Scores	If Total Is 63 – 70 : Bonus Score – 35 If Total Is 71 – 77: Bonus Score – 55 If Total Is Over 78 : Bonus Score – 75								
	Basic Section Total								
	Kismet Section		Scoring						
7	2 Pair – Same Color		Total all dice						
8	3 Of A Kind		Total all dice						
9	Straight – 1,2,3,4,5 Or 2,3,4,5,6		30						
10	Flush (All Same Color)		35						
11	Full House		Total all dice plus 15						
12	Full House – Same Color		Total all dice plus 20						
13	4 of a kind		Total all dice plus 25						
14	Yarborough		Total All Dice						
15	Kismet		Total all dice plus 50						
Kismet Section Total									
Basic Section Total									
Final Total									

Kismet Score Sheet

Player's Name								
	Basic Section	Scoring	Game 1	Game 2	Game 3	Game 4	Game 5	Game 6
1	Aces	1 For Each Ace						
2	Deuces	2 For Each Deuce						
3	Treys	3 For Each Trey						
4	Fours	4 For Each Four						
5	Fives	5 For Each Five						
6	Sixes	6 For Each Six						
	Total							
Bonus Scores	If Total Is 63 – 70 : Bonus Score – 35 If Total Is 71 – 77: Bonus Score – 55 If Total Is Over 78 : Bonus Score – 75							
	Basic Section Total							
	Kismet Section	Scoring						
7	2 Pair – Same Color	Total all dice						
8	3 Of A Kind	Total all dice						
9	Straight – 1,2,3,4,5 Or 2,3,4,5,6	30						
10	Flush (All Same Color)	35						
11	Full House	Total all dice plus 15						
12	Full House – Same Color	Total all dice plus 20						
13	4 of a kind	Total all dice plus 25						
14	Yarborough	Total All Dice						
15	Kismet	Total all dice plus 50						
Kismet Section Total								
Basic Section Total								
Final Total								

Kismet Score Sheet

Player's Name								
	Basic Section		Scoring	Game 1	Game 2	Game 3	Game 4	Game 5	Game 6
1	Aces		1 For Each Ace						
2	Deuces		2 For Each Deuce						
3	Treys		3 For Each Trey						
4	Fours		4 For Each Four						
5	Fives		5 For Each Five						
6	Sixes		6 For Each Six						
	Total								
Bonus Scores	If Total Is 63 – 70 : Bonus Score – 35 If Total Is 71 – 77: Bonus Score – 55 If Total Is Over 78 : Bonus Score – 75								
	Basic Section Total								
	Kismet Section		Scoring						
7	2 Pair – Same Color		Total all dice						
8	3 Of A Kind		Total all dice						
9	Straight – 1,2,3,4,5 Or 2,3,4,5,6		30						
10	Flush (All Same Color)		35						
11	Full House		Total all dice plus 15						
12	Full House – Same Color		Total all dice plus 20						
13	4 of a kind		Total all dice plus 25						
14	Yarborough		Total All Dice						
15	Kismet		Total all dice plus 50						
Kismet Section Total									
Basic Section Total									
Final Total									

Kismet Score Sheet

Player's Name:

	Basic Section	Scoring	Game 1	Game 2	Game 3	Game 4	Game 5	Game 6
1	Aces	1 For Each Ace						
2	Deuces	2 For Each Deuce						
3	Treys	3 For Each Trey						
4	Fours	4 For Each Four						
5	Fives	5 For Each Five						
6	Sixes	6 For Each Six						
	Total							
Bonus Scores	If Total Is 63 – 70 : Bonus Score – 35 If Total Is 71 – 77: Bonus Score – 55 If Total Is Over 78 : Bonus Score – 75							
	Basic Section Total							

	Kismet Section	Scoring	Game 1	Game 2	Game 3	Game 4	Game 5	Game 6
7	2 Pair – Same Color	Total all dice						
8	3 Of A Kind	Total all dice						
9	Straight – 1,2,3,4,5 Or 2,3,4,5,6	30						
10	Flush (All Same Color)	35						
11	Full House	Total all dice plus 15						
12	Full House – Same Color	Total all dice plus 20						
13	4 of a kind	Total all dice plus 25						
14	Yarborough	Total All Dice						
15	Kismet	Total all dice plus 50						
	Kismet Section Total							
	Basic Section Total							
	Final Total							

Kismet Score Sheet

Player's Name								
Basic Section		Scoring	Game 1	Game 2	Game 3	Game 4	Game 5	Game 6
1	Aces	1 For Each Ace						
2	Deuces	2 For Each Deuce						
3	Treys	3 For Each Trey						
4	Fours	4 For Each Four						
5	Fives	5 For Each Five						
6	Sixes	6 For Each Six						
Total								
Bonus Scores	If Total Is 63 – 70 : Bonus Score – 35 If Total Is 71 – 77: Bonus Score – 55 If Total Is Over 78 : Bonus Score – 75							
Basic Section Total								
	Kismet Section	Scoring						
7	2 Pair – Same Color	Total all dice						
8	3 Of A Kind	Total all dice						
9	Straight – 1,2,3,4,5 Or 2,3,4,5,6	30						
10	Flush (All Same Color)	35						
11	Full House	Total all dice plus 15						
12	Full House – Same Color	Total all dice plus 20						
13	4 of a kind	Total all dice plus 25						
14	Yarborough	Total All Dice						
15	Kismet	Total all dice plus 50						
Kismet Section Total								
Basic Section Total								
Final Total								

Kismet Score Sheet

Player's Name

	Basic Section	Scoring	Game 1	Game 2	Game 3	Game 4	Game 5	Game 6
1	Aces	1 For Each Ace						
2	Deuces	2 For Each Deuce						
3	Treys	3 For Each Trey						
4	Fours	4 For Each Four						
5	Fives	5 For Each Five						
6	Sixes	6 For Each Six						
	Total							
	Bonus Scores	If Total Is 63 – 70 : Bonus Score – 35 If Total Is 71 – 77: Bonus Score – 55 If Total Is Over 78 : Bonus Score – 75						
	Basic Section Total							
	Kismet Section	Scoring						
7	2 Pair – Same Color	Total all dice						
8	3 Of A Kind	Total all dice						
9	Straight – 1,2,3,4,5 Or 2,3,4,5,6	30						
10	Flush (All Same Color)	35						
11	Full House	Total all dice plus 15						
12	Full House – Same Color	Total all dice plus 20						
13	4 of a kind	Total all dice plus 25						
14	Yarborough	Total All Dice						
15	Kismet	Total all dice plus 50						
	Kismet Section Total							
	Basic Section Total							
	Final Total							

Kismet Score Sheet

Player's Name								
	Basic Section		Scoring	Game 1	Game 2	Game 3	Game 4	Game 5	Game 6
1	Aces		1 For Each Ace						
2	Deuces		2 For Each Deuce						
3	Treys		3 For Each Trey						
4	Fours		4 For Each Four						
5	Fives		5 For Each Five						
6	Sixes		6 For Each Six						
		Total							
Bonus Scores		If Total Is 63 – 70 : Bonus Score – 35 If Total Is 71 – 77: Bonus Score – 55 If Total Is Over 78 : Bonus Score – 75							
		Basic Section Total							
	Kismet Section		Scoring						
7	2 Pair – Same Color		Total all dice						
8	3 Of A Kind		Total all dice						
9	Straight – 1,2,3,4,5 Or 2,3,4,5,6		30						
10	Flush (All Same Color)		35						
11	Full House		Total all dice plus 15						
12	Full House – Same Color		Total all dice plus 20						
13	4 of a kind		Total all dice plus 25						
14	Yarborough		Total All Dice						
15	Kismet		Total all dice plus 50						
Kismet Section Total									
Basic Section Total									
Final Total									

Kismet Score Sheet

Player's Name

	Basic Section	Scoring	Game 1	Game 2	Game 3	Game 4	Game 5	Game 6
1	Aces	1 For Each Ace						
2	Deuces	2 For Each Deuce						
3	Treys	3 For Each Trey						
4	Fours	4 For Each Four						
5	Fives	5 For Each Five						
6	Sixes	6 For Each Six						
	Total							
Bonus Scores	If Total Is 63 – 70 : Bonus Score – 35 If Total Is 71 – 77: Bonus Score – 55 If Total Is Over 78 : Bonus Score – 75							
	Basic Section Total							
	Kismet Section	Scoring						
7	2 Pair – Same Color	Total all dice						
8	3 Of A Kind	Total all dice						
9	Straight – 1,2,3,4,5 Or 2,3,4,5,6	30						
10	Flush (All Same Color)	35						
11	Full House	Total all dice plus 15						
12	Full House – Same Color	Total all dice plus 20						
13	4 of a kind	Total all dice plus 25						
14	Yarborough	Total All Dice						
15	Kismet	Total all dice plus 50						
	Kismet Section Total							
	Basic Section Total							
	Final Total							

Kismet Score Sheet

Player's Name								
	Basic Section		Scoring	Game 1	Game 2	Game 3	Game 4	Game 5	Game 6
1	Aces		1 For Each Ace						
2	Deuces		2 For Each Deuce						
3	Treys		3 For Each Trey						
4	Fours		4 For Each Four						
5	Fives		5 For Each Five						
6	Sixes		6 For Each Six						
		Total							
	Bonus Scores	If Total Is 63 – 70 : Bonus Score – 35 If Total Is 71 – 77: Bonus Score – 55 If Total Is Over 78 : Bonus Score – 75							
		Basic Section Total							
	Kismet Section		Scoring						
7	2 Pair – Same Color		Total all dice						
8	3 Of A Kind		Total all dice						
9	Straight – 1,2,3,4,5 Or 2,3,4,5,6		30						
10	Flush (All Same Color)		35						
11	Full House		Total all dice plus 15						
12	Full House – Same Color		Total all dice plus 20						
13	4 of a kind		Total all dice plus 25						
14	Yarborough		Total All Dice						
15	Kismet		Total all dice plus 50						
Kismet Section Total									
Basic Section Total									
Final Total									

Kismet Score Sheet

Player's Name								
	Basic Section		Scoring	Game 1	Game 2	Game 3	Game 4	Game 5	Game 6
1	Aces	1 For Each Ace							
2	Deuces	2 For Each Deuce							
3	Treys	3 For Each Trey							
4	Fours	4 For Each Four							
5	Fives	5 For Each Five							
6	Sixes	6 For Each Six							
	Total								
Bonus Scores	If Total Is 63 – 70 : Bonus Score – 35 If Total Is 71 – 77: Bonus Score – 55 If Total Is Over 78 : Bonus Score – 75								
	Basic Section Total								
	Kismet Section	Scoring							
7	2 Pair – Same Color	Total all dice							
8	3 Of A Kind	Total all dice							
9	Straight – 1,2,3,4,5 Or 2,3,4,5,6	30							
10	Flush (All Same Color)	35							
11	Full House	Total all dice plus 15							
12	Full House – Same Color	Total all dice plus 20							
13	4 of a kind	Total all dice plus 25							
14	Yarborough	Total All Dice							
15	Kismet	Total all dice plus 50							
Kismet Section Total									
Basic Section Total									
Final Total									

Kismet Score Sheet

Player's Name								
	Basic Section		Scoring	Game 1	Game 2	Game 3	Game 4	Game 5	Game 6
1	Aces		1 For Each Ace						
2	Deuces		2 For Each Deuce						
3	Treys		3 For Each Trey						
4	Fours		4 For Each Four						
5	Fives		5 For Each Five						
6	Sixes		6 For Each Six						
	Total								
	Bonus Scores	If Total Is 63 – 70 : Bonus Score – 35 If Total Is 71 – 77: Bonus Score – 55 If Total Is Over 78 : Bonus Score – 75							
	Basic Section Total								
	Kismet Section		Scoring						
7	2 Pair – Same Color		Total all dice						
8	3 Of A Kind		Total all dice						
9	Straight – 1,2,3,4,5 Or 2,3,4,5,6		30						
10	Flush (All Same Color)		35						
11	Full House		Total all dice plus 15						
12	Full House – Same Color		Total all dice plus 20						
13	4 of a kind		Total all dice plus 25						
14	Yarborough		Total All Dice						
15	Kismet		Total all dice plus 50						
Kismet Section Total									
Basic Section Total									
Final Total									

Kismet Score Sheet

Player's Name:

	Basic Section	Scoring	Game 1	Game 2	Game 3	Game 4	Game 5	Game 6
1	Aces	1 For Each Ace						
2	Deuces	2 For Each Deuce						
3	Treys	3 For Each Trey						
4	Fours	4 For Each Four						
5	Fives	5 For Each Five						
6	Sixes	6 For Each Six						
	Total							
Bonus Scores	If Total Is 63 – 70 : Bonus Score – 35 If Total Is 71 – 77: Bonus Score – 55 If Total Is Over 78 : Bonus Score – 75							
	Basic Section Total							
	Kismet Section	Scoring						
7	2 Pair – Same Color	Total all dice						
8	3 Of A Kind	Total all dice						
9	Straight – 1,2,3,4,5 Or 2,3,4,5,6	30						
10	Flush (All Same Color)	35						
11	Full House	Total all dice plus 15						
12	Full House – Same Color	Total all dice plus 20						
13	4 of a kind	Total all dice plus 25						
14	Yarborough	Total All Dice						
15	Kismet	Total all dice plus 50						
	Kismet Section Total							
	Basic Section Total							
	Final Total							

Kismet Score Sheet

Player's Name:

	Basic Section	Scoring	Game 1	Game 2	Game 3	Game 4	Game 5	Game 6
1	Aces	1 For Each Ace						
2	Deuces	2 For Each Deuce						
3	Treys	3 For Each Trey						
4	Fours	4 For Each Four						
5	Fives	5 For Each Five						
6	Sixes	6 For Each Six						
	Total							
	Bonus Scores	If Total Is 63 – 70 : Bonus Score – 35 If Total Is 71 – 77: Bonus Score – 55 If Total Is Over 78 : Bonus Score – 75						
	Basic Section Total							
	Kismet Section	Scoring						
7	2 Pair – Same Color	Total all dice						
8	3 Of A Kind	Total all dice						
9	Straight – 1,2,3,4,5 Or 2,3,4,5,6	30						
10	Flush (All Same Color)	35						
11	Full House	Total all dice plus 15						
12	Full House – Same Color	Total all dice plus 20						
13	4 of a kind	Total all dice plus 25						
14	Yarborough	Total All Dice						
15	Kismet	Total all dice plus 50						
	Kismet Section Total							
	Basic Section Total							
	Final Total							

Kismet Score Sheet

Player's Name

	Basic Section	Scoring	Game 1	Game 2	Game 3	Game 4	Game 5	Game 6
1	Aces	1 For Each Ace						
2	Deuces	2 For Each Deuce						
3	Treys	3 For Each Trey						
4	Fours	4 For Each Four						
5	Fives	5 For Each Five						
6	Sixes	6 For Each Six						
	Total							
Bonus Scores	If Total Is 63 – 70 : Bonus Score – 35 If Total Is 71 – 77: Bonus Score – 55 If Total Is Over 78 : Bonus Score – 75							
	Basic Section Total							
	Kismet Section	Scoring						
7	2 Pair – Same Color	Total all dice						
8	3 Of A Kind	Total all dice						
9	Straight – 1,2,3,4,5 Or 2,3,4,5,6	30						
10	Flush (All Same Color)	35						
11	Full House	Total all dice plus 15						
12	Full House – Same Color	Total all dice plus 20						
13	4 of a kind	Total all dice plus 25						
14	Yarborough	Total All Dice						
15	Kismet	Total all dice plus 50						
	Kismet Section Total							
	Basic Section Total							
	Final Total							

Kismet Score Sheet

Player's Name

	Basic Section	Scoring	Game 1	Game 2	Game 3	Game 4	Game 5	Game 6
1	Aces	1 For Each Ace						
2	Deuces	2 For Each Deuce						
3	Treys	3 For Each Trey						
4	Fours	4 For Each Four						
5	Fives	5 For Each Five						
6	Sixes	6 For Each Six						
	Total							
Bonus Scores	If Total Is 63 – 70 : Bonus Score – 35 If Total Is 71 – 77: Bonus Score – 55 If Total Is Over 78 : Bonus Score – 75							
	Basic Section Total							

	Kismet Section	Scoring	Game 1	Game 2	Game 3	Game 4	Game 5	Game 6
7	2 Pair – Same Color	Total all dice						
8	3 Of A Kind	Total all dice						
9	Straight – 1,2,3,4,5 Or 2,3,4,5,6	30						
10	Flush (All Same Color)	35						
11	Full House	Total all dice plus 15						
12	Full House – Same Color	Total all dice plus 20						
13	4 of a kind	Total all dice plus 25						
14	Yarborough	Total All Dice						
15	Kismet	Total all dice plus 50						
	Kismet Section Total							
	Basic Section Total							
	Final Total							

Kismet Score Sheet

Player's Name								
	Basic Section	Scoring	Game 1	Game 2	Game 3	Game 4	Game 5	Game 6
1	Aces	1 For Each Ace						
2	Deuces	2 For Each Deuce						
3	Treys	3 For Each Trey						
4	Fours	4 For Each Four						
5	Fives	5 For Each Five						
6	Sixes	6 For Each Six						
	Total							
Bonus Scores	If Total Is 63 – 70 : Bonus Score – 35 If Total Is 71 – 77: Bonus Score – 55 If Total Is Over 78 : Bonus Score – 75							
	Basic Section Total							
	Kismet Section	Scoring						
7	2 Pair – Same Color	Total all dice						
8	3 Of A Kind	Total all dice						
9	Straight – 1,2,3,4,5 Or 2,3,4,5,6	30						
10	Flush (All Same Color)	35						
11	Full House	Total all dice plus 15						
12	Full House – Same Color	Total all dice plus 20						
13	4 of a kind	Total all dice plus 25						
14	Yarborough	Total All Dice						
15	Kismet	Total all dice plus 50						
Kismet Section Total								
Basic Section Total								
Final Total								

Kismet Score Sheet

Player's Name								
Basic Section		Scoring	Game 1	Game 2	Game 3	Game 4	Game 5	Game 6
1	Aces	1 For Each Ace						
2	Deuces	2 For Each Deuce						
3	Treys	3 For Each Trey						
4	Fours	4 For Each Four						
5	Fives	5 For Each Five						
6	Sixes	6 For Each Six						
	Total							
Bonus Scores	If Total Is 63 – 70 : Bonus Score – 35 If Total Is 71 – 77: Bonus Score – 55 If Total Is Over 78 : Bonus Score – 75							
	Basic Section Total							
	Kismet Section	Scoring						
7	2 Pair – Same Color	Total all dice						
8	3 Of A Kind	Total all dice						
9	Straight – 1,2,3,4,5 Or 2,3,4,5,6	30						
10	Flush (All Same Color)	35						
11	Full House	Total all dice plus 15						
12	Full House – Same Color	Total all dice plus 20						
13	4 of a kind	Total all dice plus 25						
14	Yarborough	Total All Dice						
15	Kismet	Total all dice plus 50						
Kismet Section Total								
Basic Section Total								
Final Total								

Kismet Score Sheet

Player's Name								
	Basic Section	Scoring	Game 1	Game 2	Game 3	Game 4	Game 5	Game 6
1	Aces	1 For Each Ace						
2	Deuces	2 For Each Deuce						
3	Treys	3 For Each Trey						
4	Fours	4 For Each Four						
5	Fives	5 For Each Five						
6	Sixes	6 For Each Six						
	Total							
Bonus Scores	If Total Is 63 – 70 : Bonus Score – 35 If Total Is 71 – 77: Bonus Score – 55 If Total Is Over 78 : Bonus Score – 75							
	Basic Section Total							
	Kismet Section	Scoring						
7	2 Pair – Same Color	Total all dice						
8	3 Of A Kind	Total all dice						
9	Straight – 1,2,3,4,5 Or 2,3,4,5,6	30						
10	Flush (All Same Color)	35						
11	Full House	Total all dice plus 15						
12	Full House – Same Color	Total all dice plus 20						
13	4 of a kind	Total all dice plus 25						
14	Yarborough	Total All Dice						
15	Kismet	Total all dice plus 50						
	Kismet Section Total							
	Basic Section Total							
	Final Total							

Kismet Score Sheet

Player's Name								

	Basic Section	Scoring	Game 1	Game 2	Game 3	Game 4	Game 5	Game 6
1	Aces	1 For Each Ace						
2	Deuces	2 For Each Deuce						
3	Treys	3 For Each Trey						
4	Fours	4 For Each Four						
5	Fives	5 For Each Five						
6	Sixes	6 For Each Six						
	Total							
	Bonus Scores	If Total Is 63 – 70 : Bonus Score – 35 If Total Is 71 – 77: Bonus Score – 55 If Total Is Over 78 : Bonus Score – 75						
	Basic Section Total							
	Kismet Section	Scoring						
7	2 Pair – Same Color	Total all dice						
8	3 Of A Kind	Total all dice						
9	Straight – 1,2,3,4,5 Or 2,3,4,5,6	30						
10	Flush (All Same Color)	35						
11	Full House	Total all dice plus 15						
12	Full House – Same Color	Total all dice plus 20						
13	4 of a kind	Total all dice plus 25						
14	Yarborough	Total All Dice						
15	Kismet	Total all dice plus 50						
	Kismet Section Total							
	Basic Section Total							
	Final Total							

Kismet Score Sheet

Player's Name:

#	Basic Section	Scoring	Game 1	Game 2	Game 3	Game 4	Game 5	Game 6
1	Aces	1 For Each Ace						
2	Deuces	2 For Each Deuce						
3	Treys	3 For Each Trey						
4	Fours	4 For Each Four						
5	Fives	5 For Each Five						
6	Sixes	6 For Each Six						
	Total							
	Bonus Scores	If Total Is 63 – 70 : Bonus Score – 35 If Total Is 71 – 77: Bonus Score – 55 If Total Is Over 78 : Bonus Score – 75						
	Basic Section Total							

#	Kismet Section	Scoring	Game 1	Game 2	Game 3	Game 4	Game 5	Game 6
7	2 Pair – Same Color	Total all dice						
8	3 Of A Kind	Total all dice						
9	Straight – 1,2,3,4,5 Or 2,3,4,5,6	30						
10	Flush (All Same Color)	35						
11	Full House	Total all dice plus 15						
12	Full House – Same Color	Total all dice plus 20						
13	4 of a kind	Total all dice plus 25						
14	Yarborough	Total All Dice						
15	Kismet	Total all dice plus 50						
	Kismet Section Total							
	Basic Section Total							
	Final Total							

Kismet Score Sheet

Player's Name

	Basic Section	Scoring	Game 1	Game 2	Game 3	Game 4	Game 5	Game 6
1	Aces	1 For Each Ace						
2	Deuces	2 For Each Deuce						
3	Treys	3 For Each Trey						
4	Fours	4 For Each Four						
5	Fives	5 For Each Five						
6	Sixes	6 For Each Six						
	Total							
Bonus Scores	If Total Is 63 – 70 : Bonus Score – 35 If Total Is 71 – 77: Bonus Score – 55 If Total Is Over 78 : Bonus Score – 75							
	Basic Section Total							

	Kismet Section	Scoring	Game 1	Game 2	Game 3	Game 4	Game 5	Game 6
7	2 Pair – Same Color	Total all dice						
8	3 Of A Kind	Total all dice						
9	Straight – 1,2,3,4,5 Or 2,3,4,5,6	30						
10	Flush (All Same Color)	35						
11	Full House	Total all dice plus 15						
12	Full House – Same Color	Total all dice plus 20						
13	4 of a kind	Total all dice plus 25						
14	Yarborough	Total All Dice						
15	Kismet	Total all dice plus 50						
	Kismet Section Total							
	Basic Section Total							
	Final Total							

Kismet Score Sheet

Player's Name:

	Basic Section	Scoring	Game 1	Game 2	Game 3	Game 4	Game 5	Game 6
1	Aces	1 For Each Ace						
2	Deuces	2 For Each Deuce						
3	Treys	3 For Each Trey						
4	Fours	4 For Each Four						
5	Fives	5 For Each Five						
6	Sixes	6 For Each Six						
	Total							
Bonus Scores	If Total Is 63 – 70 : Bonus Score – 35 If Total Is 71 – 77: Bonus Score – 55 If Total Is Over 78 : Bonus Score – 75							
	Basic Section Total							

	Kismet Section	Scoring	Game 1	Game 2	Game 3	Game 4	Game 5	Game 6
7	2 Pair – Same Color	Total all dice						
8	3 Of A Kind	Total all dice						
9	Straight – 1,2,3,4,5 Or 2,3,4,5,6	30						
10	Flush (All Same Color)	35						
11	Full House	Total all dice plus 15						
12	Full House – Same Color	Total all dice plus 20						
13	4 of a kind	Total all dice plus 25						
14	Yarborough	Total All Dice						
15	Kismet	Total all dice plus 50						
	Kismet Section Total							
	Basic Section Total							
	Final Total							

Kismet Score Sheet

Player's Name								
	Basic Section		Scoring	Game 1	Game 2	Game 3	Game 4	Game 5	Game 6
1	Aces		1 For Each Ace						
2	Deuces		2 For Each Deuce						
3	Treys		3 For Each Trey						
4	Fours		4 For Each Four						
5	Fives		5 For Each Five						
6	Sixes		6 For Each Six						
	Total								
	Bonus Scores	If Total Is 63 – 70 : Bonus Score – 35 If Total Is 71 – 77: Bonus Score – 55 If Total Is Over 78 : Bonus Score – 75							
	Basic Section Total								
	Kismet Section		Scoring						
7	2 Pair – Same Color		Total all dice						
8	3 Of A Kind		Total all dice						
9	Straight – 1,2,3,4,5 Or 2,3,4,5,6		30						
10	Flush (All Same Color)		35						
11	Full House		Total all dice plus 15						
12	Full House – Same Color		Total all dice plus 20						
13	4 of a kind		Total all dice plus 25						
14	Yarborough		Total All Dice						
15	Kismet		Total all dice plus 50						
Kismet Section Total									
Basic Section Total									
Final Total									

Kismet Score Sheet

Player's Name								

#	Basic Section	Scoring	Game 1	Game 2	Game 3	Game 4	Game 5	Game 6
1	Aces	1 For Each Ace						
2	Deuces	2 For Each Deuce						
3	Treys	3 For Each Trey						
4	Fours	4 For Each Four						
5	Fives	5 For Each Five						
6	Sixes	6 For Each Six						
	Total							
	Bonus Scores	If Total Is 63 – 70 : Bonus Score – 35 If Total Is 71 – 77: Bonus Score – 55 If Total Is Over 78 : Bonus Score – 75						
	Basic Section Total							

#	Kismet Section	Scoring	Game 1	Game 2	Game 3	Game 4	Game 5	Game 6
7	2 Pair – Same Color	Total all dice						
8	3 Of A Kind	Total all dice						
9	Straight – 1,2,3,4,5 Or 2,3,4,5,6	30						
10	Flush (All Same Color)	35						
11	Full House	Total all dice plus 15						
12	Full House – Same Color	Total all dice plus 20						
13	4 of a kind	Total all dice plus 25						
14	Yarborough	Total All Dice						
15	Kismet	Total all dice plus 50						
	Kismet Section Total							
	Basic Section Total							
	Final Total							

Kismet Score Sheet

Player's Name

	Basic Section	Scoring	Game 1	Game 2	Game 3	Game 4	Game 5	Game 6
1	Aces	1 For Each Ace						
2	Deuces	2 For Each Deuce						
3	Treys	3 For Each Trey						
4	Fours	4 For Each Four						
5	Fives	5 For Each Five						
6	Sixes	6 For Each Six						
	Total							
Bonus Scores	If Total Is 63 – 70 : Bonus Score – 35 If Total Is 71 – 77: Bonus Score – 55 If Total Is Over 78 : Bonus Score – 75							
	Basic Section Total							

	Kismet Section	Scoring						
7	2 Pair – Same Color	Total all dice						
8	3 Of A Kind	Total all dice						
9	Straight – 1,2,3,4,5 Or 2,3,4,5,6	30						
10	Flush (All Same Color)	35						
11	Full House	Total all dice plus 15						
12	Full House – Same Color	Total all dice plus 20						
13	4 of a kind	Total all dice plus 25						
14	Yarborough	Total All Dice						
15	Kismet	Total all dice plus 50						
	Kismet Section Total							
	Basic Section Total							
	Final Total							

Kismet Score Sheet

Player's Name:

#	Basic Section	Scoring	Game 1	Game 2	Game 3	Game 4	Game 5	Game 6
1	Aces	1 For Each Ace						
2	Deuces	2 For Each Deuce						
3	Treys	3 For Each Trey						
4	Fours	4 For Each Four						
5	Fives	5 For Each Five						
6	Sixes	6 For Each Six						
	Total							
	Bonus Scores	If Total Is 63 – 70 : Bonus Score – 35 If Total Is 71 – 77: Bonus Score – 55 If Total Is Over 78 : Bonus Score – 75						
	Basic Section Total							

#	Kismet Section	Scoring	Game 1	Game 2	Game 3	Game 4	Game 5	Game 6
7	2 Pair – Same Color	Total all dice						
8	3 Of A Kind	Total all dice						
9	Straight – 1,2,3,4,5 Or 2,3,4,5,6	30						
10	Flush (All Same Color)	35						
11	Full House	Total all dice plus 15						
12	Full House – Same Color	Total all dice plus 20						
13	4 of a kind	Total all dice plus 25						
14	Yarborough	Total All Dice						
15	Kismet	Total all dice plus 50						

	Game 1	Game 2	Game 3	Game 4	Game 5	Game 6
Kismet Section Total						
Basic Section Total						
Final Total						

Kismet Score Sheet

Player's Name:

	Basic Section	Scoring	Game 1	Game 2	Game 3	Game 4	Game 5	Game 6
1	Aces	1 For Each Ace						
2	Deuces	2 For Each Deuce						
3	Treys	3 For Each Trey						
4	Fours	4 For Each Four						
5	Fives	5 For Each Five						
6	Sixes	6 For Each Six						
	Total							
	Bonus Scores	If Total Is 63 – 70 : Bonus Score – 35 If Total Is 71 – 77: Bonus Score – 55 If Total Is Over 78 : Bonus Score – 75						
	Basic Section Total							
	Kismet Section	Scoring						
7	2 Pair – Same Color	Total all dice						
8	3 Of A Kind	Total all dice						
9	Straight – 1,2,3,4,5 Or 2,3,4,5,6	30						
10	Flush (All Same Color)	35						
11	Full House	Total all dice plus 15						
12	Full House – Same Color	Total all dice plus 20						
13	4 of a kind	Total all dice plus 25						
14	Yarborough	Total All Dice						
15	Kismet	Total all dice plus 50						
	Kismet Section Total							
	Basic Section Total							
	Final Total							

Kismet Score Sheet

Player's Name:

	Basic Section	Scoring	Game 1	Game 2	Game 3	Game 4	Game 5	Game 6
1	Aces	1 For Each Ace						
2	Deuces	2 For Each Deuce						
3	Treys	3 For Each Trey						
4	Fours	4 For Each Four						
5	Fives	5 For Each Five						
6	Sixes	6 For Each Six						
	Total							
Bonus Scores	If Total Is 63 – 70 : Bonus Score – 35 If Total Is 71 – 77: Bonus Score – 55 If Total Is Over 78 : Bonus Score – 75							
	Basic Section Total							
	Kismet Section	Scoring						
7	2 Pair – Same Color	Total all dice						
8	3 Of A Kind	Total all dice						
9	Straight – 1,2,3,4,5 Or 2,3,4,5,6	30						
10	Flush (All Same Color)	35						
11	Full House	Total all dice plus 15						
12	Full House – Same Color	Total all dice plus 20						
13	4 of a kind	Total all dice plus 25						
14	Yarborough	Total All Dice						
15	Kismet	Total all dice plus 50						
	Kismet Section Total							
	Basic Section Total							
	Final Total							

Kismet Score Sheet

Player's Name								
	Basic Section		Scoring	Game 1	Game 2	Game 3	Game 4	Game 5	Game 6
1	Aces		1 For Each Ace						
2	Deuces		2 For Each Deuce						
3	Treys		3 For Each Trey						
4	Fours		4 For Each Four						
5	Fives		5 For Each Five						
6	Sixes		6 For Each Six						
	Total								
	Bonus Scores	If Total Is 63 – 70 : Bonus Score – 35 If Total Is 71 – 77: Bonus Score – 55 If Total Is Over 78 : Bonus Score – 75							
	Basic Section Total								
	Kismet Section		Scoring						
7	2 Pair – Same Color		Total all dice						
8	3 Of A Kind		Total all dice						
9	Straight – 1,2,3,4,5 Or 2,3,4,5,6		30						
10	Flush (All Same Color)		35						
11	Full House		Total all dice plus 15						
12	Full House – Same Color		Total all dice plus 20						
13	4 of a kind		Total all dice plus 25						
14	Yarborough		Total All Dice						
15	Kismet		Total all dice plus 50						
Kismet Section Total									
Basic Section Total									
Final Total									

Kismet Score Sheet

Player's Name

	Basic Section	Scoring	Game 1	Game 2	Game 3	Game 4	Game 5	Game 6
1	Aces	1 For Each Ace						
2	Deuces	2 For Each Deuce						
3	Treys	3 For Each Trey						
4	Fours	4 For Each Four						
5	Fives	5 For Each Five						
6	Sixes	6 For Each Six						
	Total							
Bonus Scores	If Total Is 63 – 70 : Bonus Score – 35 If Total Is 71 – 77: Bonus Score – 55 If Total Is Over 78 : Bonus Score – 75							
	Basic Section Total							
	Kismet Section	Scoring						
7	2 Pair – Same Color	Total all dice						
8	3 Of A Kind	Total all dice						
9	Straight – 1,2,3,4,5 Or 2,3,4,5,6	30						
10	Flush (All Same Color)	35						
11	Full House	Total all dice plus 15						
12	Full House – Same Color	Total all dice plus 20						
13	4 of a kind	Total all dice plus 25						
14	Yarborough	Total All Dice						
15	Kismet	Total all dice plus 50						
	Kismet Section Total							
	Basic Section Total							
	Final Total							

Kismet Score Sheet

Player's Name

	Basic Section	Scoring	Game 1	Game 2	Game 3	Game 4	Game 5	Game 6
1	Aces	1 For Each Ace						
2	Deuces	2 For Each Deuce						
3	Treys	3 For Each Trey						
4	Fours	4 For Each Four						
5	Fives	5 For Each Five						
6	Sixes	6 For Each Six						
	Total							
Bonus Scores	If Total Is 63 – 70 : Bonus Score – 35 If Total Is 71 – 77: Bonus Score – 55 If Total Is Over 78 : Bonus Score – 75							
	Basic Section Total							

	Kismet Section	Scoring	Game 1	Game 2	Game 3	Game 4	Game 5	Game 6
7	2 Pair – Same Color	Total all dice						
8	3 Of A Kind	Total all dice						
9	Straight – 1,2,3,4,5 Or 2,3,4,5,6	30						
10	Flush (All Same Color)	35						
11	Full House	Total all dice plus 15						
12	Full House – Same Color	Total all dice plus 20						
13	4 of a kind	Total all dice plus 25						
14	Yarborough	Total All Dice						
15	Kismet	Total all dice plus 50						
Kismet Section Total								
Basic Section Total								
Final Total								

Kismet Score Sheet

Player's Name

	Basic Section	Scoring	Game 1	Game 2	Game 3	Game 4	Game 5	Game 6
1	Aces	1 For Each Ace						
2	Deuces	2 For Each Deuce						
3	Treys	3 For Each Trey						
4	Fours	4 For Each Four						
5	Fives	5 For Each Five						
6	Sixes	6 For Each Six						
	Total							
Bonus Scores	If Total Is 63 – 70 : Bonus Score – 35 If Total Is 71 – 77: Bonus Score – 55 If Total Is Over 78 : Bonus Score – 75							
	Basic Section Total							
	Kismet Section	Scoring						
7	2 Pair – Same Color	Total all dice						
8	3 Of A Kind	Total all dice						
9	Straight – 1,2,3,4,5 Or 2,3,4,5,6	30						
10	Flush (All Same Color)	35						
11	Full House	Total all dice plus 15						
12	Full House – Same Color	Total all dice plus 20						
13	4 of a kind	Total all dice plus 25						
14	Yarborough	Total All Dice						
15	Kismet	Total all dice plus 50						
	Kismet Section Total							
	Basic Section Total							
	Final Total							

Kismet Score Sheet

Player's Name:

	Basic Section	Scoring	Game 1	Game 2	Game 3	Game 4	Game 5	Game 6
1	Aces	1 For Each Ace						
2	Deuces	2 For Each Deuce						
3	Treys	3 For Each Trey						
4	Fours	4 For Each Four						
5	Fives	5 For Each Five						
6	Sixes	6 For Each Six						
	Total							
Bonus Scores	If Total Is 63 – 70 : Bonus Score – 35 If Total Is 71 – 77: Bonus Score – 55 If Total Is Over 78 : Bonus Score – 75							
	Basic Section Total							
	Kismet Section	Scoring						
7	2 Pair – Same Color	Total all dice						
8	3 Of A Kind	Total all dice						
9	Straight – 1,2,3,4,5 Or 2,3,4,5,6	30						
10	Flush (All Same Color)	35						
11	Full House	Total all dice plus 15						
12	Full House – Same Color	Total all dice plus 20						
13	4 of a kind	Total all dice plus 25						
14	Yarborough	Total All Dice						
15	Kismet	Total all dice plus 50						
Kismet Section Total								
Basic Section Total								
Final Total								

Kismet Score Sheet

Player's Name:

	Basic Section	Scoring	Game 1	Game 2	Game 3	Game 4	Game 5	Game 6
1	Aces	1 For Each Ace						
2	Deuces	2 For Each Deuce						
3	Treys	3 For Each Trey						
4	Fours	4 For Each Four						
5	Fives	5 For Each Five						
6	Sixes	6 For Each Six						
	Total							
Bonus Scores	If Total Is 63 – 70 : Bonus Score – 35 If Total Is 71 – 77: Bonus Score – 55 If Total Is Over 78 : Bonus Score – 75							
	Basic Section Total							

	Kismet Section	Scoring						
7	2 Pair – Same Color	Total all dice						
8	3 Of A Kind	Total all dice						
9	Straight – 1,2,3,4,5 Or 2,3,4,5,6	30						
10	Flush (All Same Color)	35						
11	Full House	Total all dice plus 15						
12	Full House – Same Color	Total all dice plus 20						
13	4 of a kind	Total all dice plus 25						
14	Yarborough	Total All Dice						
15	Kismet	Total all dice plus 50						
	Kismet Section Total							
	Basic Section Total							
	Final Total							

Kismet Score Sheet

Player's Name								
	Basic Section	Scoring	Game 1	Game 2	Game 3	Game 4	Game 5	Game 6
1	Aces	1 For Each Ace						
2	Deuces	2 For Each Deuce						
3	Treys	3 For Each Trey						
4	Fours	4 For Each Four						
5	Fives	5 For Each Five						
6	Sixes	6 For Each Six						
	Total							
Bonus Scores	If Total Is 63 – 70 : Bonus Score – 35 If Total Is 71 – 77: Bonus Score – 55 If Total Is Over 78 : Bonus Score – 75							
	Basic Section Total							
	Kismet Section	Scoring						
7	2 Pair – Same Color	Total all dice						
8	3 Of A Kind	Total all dice						
9	Straight – 1,2,3,4,5 Or 2,3,4,5,6	30						
10	Flush (All Same Color)	35						
11	Full House	Total all dice plus 15						
12	Full House – Same Color	Total all dice plus 20						
13	4 of a kind	Total all dice plus 25						
14	Yarborough	Total All Dice						
15	Kismet	Total all dice plus 50						
Kismet Section Total								
Basic Section Total								
Final Total								

Kismet Score Sheet

Player's Name								

	Basic Section	Scoring	Game 1	Game 2	Game 3	Game 4	Game 5	Game 6
1	Aces	1 For Each Ace						
2	Deuces	2 For Each Deuce						
3	Treys	3 For Each Trey						
4	Fours	4 For Each Four						
5	Fives	5 For Each Five						
6	Sixes	6 For Each Six						
	Total							
Bonus Scores	If Total Is 63 – 70 : Bonus Score – 35 If Total Is 71 – 77: Bonus Score – 55 If Total Is Over 78 : Bonus Score – 75							
	Basic Section Total							
	Kismet Section	Scoring						
7	2 Pair – Same Color	Total all dice						
8	3 Of A Kind	Total all dice						
9	Straight – 1,2,3,4,5 Or 2,3,4,5,6	30						
10	Flush (All Same Color)	35						
11	Full House	Total all dice plus 15						
12	Full House – Same Color	Total all dice plus 20						
13	4 of a kind	Total all dice plus 25						
14	Yarborough	Total All Dice						
15	Kismet	Total all dice plus 50						
	Kismet Section Total							
	Basic Section Total							
	Final Total							

Kismet Score Sheet

Player's Name								
	Basic Section	Scoring	Game 1	Game 2	Game 3	Game 4	Game 5	Game 6
1	Aces	1 For Each Ace						
2	Deuces	2 For Each Deuce						
3	Treys	3 For Each Trey						
4	Fours	4 For Each Four						
5	Fives	5 For Each Five						
6	Sixes	6 For Each Six						
	Total							
Bonus Scores	If Total Is 63 – 70 : Bonus Score – 35 If Total Is 71 – 77: Bonus Score – 55 If Total Is Over 78 : Bonus Score – 75							
	Basic Section Total							
	Kismet Section	Scoring						
7	2 Pair – Same Color	Total all dice						
8	3 Of A Kind	Total all dice						
9	Straight – 1,2,3,4,5 Or 2,3,4,5,6	30						
10	Flush (All Same Color)	35						
11	Full House	Total all dice plus 15						
12	Full House – Same Color	Total all dice plus 20						
13	4 of a kind	Total all dice plus 25						
14	Yarborough	Total All Dice						
15	Kismet	Total all dice plus 50						
Kismet Section Total								
Basic Section Total								
Final Total								

Kismet Score Sheet

Player's Name:

	Basic Section	Scoring	Game 1	Game 2	Game 3	Game 4	Game 5	Game 6
1	Aces	1 For Each Ace						
2	Deuces	2 For Each Deuce						
3	Treys	3 For Each Trey						
4	Fours	4 For Each Four						
5	Fives	5 For Each Five						
6	Sixes	6 For Each Six						
	Total							
	Bonus Scores	If Total Is 63 – 70 : Bonus Score – 35 If Total Is 71 – 77: Bonus Score – 55 If Total Is Over 78 : Bonus Score – 75						
	Basic Section Total							
	Kismet Section	Scoring						
7	2 Pair – Same Color	Total all dice						
8	3 Of A Kind	Total all dice						
9	Straight – 1,2,3,4,5 Or 2,3,4,5,6	30						
10	Flush (All Same Color)	35						
11	Full House	Total all dice plus 15						
12	Full House – Same Color	Total all dice plus 20						
13	4 of a kind	Total all dice plus 25						
14	Yarborough	Total All Dice						
15	Kismet	Total all dice plus 50						
	Kismet Section Total							
	Basic Section Total							
	Final Total							

Kismet Score Sheet

Player's Name				Game 1	Game 2	Game 3	Game 4	Game 5	Game 6
	Basic Section		Scoring						
1	Aces		1 For Each Ace						
2	Deuces		2 For Each Deuce						
3	Treys		3 For Each Trey						
4	Fours		4 For Each Four						
5	Fives		5 For Each Five						
6	Sixes		6 For Each Six						
	Total								
	Bonus Scores	If Total Is 63 – 70 : Bonus Score – 35 If Total Is 71 – 77: Bonus Score – 55 If Total Is Over 78 : Bonus Score – 75							
	Basic Section Total								
	Kismet Section		Scoring						
7	2 Pair – Same Color		Total all dice						
8	3 Of A Kind		Total all dice						
9	Straight – 1,2,3,4,5 Or 2,3,4,5,6		30						
10	Flush (All Same Color)		35						
11	Full House		Total all dice plus 15						
12	Full House – Same Color		Total all dice plus 20						
13	4 of a kind		Total all dice plus 25						
14	Yarborough		Total All Dice						
15	Kismet		Total all dice plus 50						
Kismet Section Total									
Basic Section Total									
Final Total									

Kismet Score Sheet

Player's Name:

	Basic Section	Scoring	Game 1	Game 2	Game 3	Game 4	Game 5	Game 6
1	Aces	1 For Each Ace						
2	Deuces	2 For Each Deuce						
3	Treys	3 For Each Trey						
4	Fours	4 For Each Four						
5	Fives	5 For Each Five						
6	Sixes	6 For Each Six						
	Total							
Bonus Scores	If Total Is 63 – 70 : Bonus Score – 35 If Total Is 71 – 77: Bonus Score – 55 If Total Is Over 78 : Bonus Score – 75							
	Basic Section Total							
	Kismet Section	Scoring						
7	2 Pair – Same Color	Total all dice						
8	3 Of A Kind	Total all dice						
9	Straight – 1,2,3,4,5 Or 2,3,4,5,6	30						
10	Flush (All Same Color)	35						
11	Full House	Total all dice plus 15						
12	Full House – Same Color	Total all dice plus 20						
13	4 of a kind	Total all dice plus 25						
14	Yarborough	Total All Dice						
15	Kismet	Total all dice plus 50						
	Kismet Section Total							
	Basic Section Total							
	Final Total							

Kismet Score Sheet

Player's Name								
	Basic Section		Scoring	Game 1	Game 2	Game 3	Game 4	Game 5	Game 6
1	Aces		1 For Each Ace						
2	Deuces		2 For Each Deuce						
3	Treys		3 For Each Trey						
4	Fours		4 For Each Four						
5	Fives		5 For Each Five						
6	Sixes		6 For Each Six						
	Total								
Bonus Scores	If Total Is 63 – 70 : Bonus Score – 35 If Total Is 71 – 77: Bonus Score – 55 If Total Is Over 78 : Bonus Score – 75								
	Basic Section Total								
	Kismet Section		Scoring						
7	2 Pair – Same Color		Total all dice						
8	3 Of A Kind		Total all dice						
9	Straight – 1,2,3,4,5 Or 2,3,4,5,6		30						
10	Flush (All Same Color)		35						
11	Full House		Total all dice plus 15						
12	Full House – Same Color		Total all dice plus 20						
13	4 of a kind		Total all dice plus 25						
14	Yarborough		Total All Dice						
15	Kismet		Total all dice plus 50						
Kismet Section Total									
Basic Section Total									
Final Total									

Kismet Score Sheet

Player's Name:

	Basic Section	Scoring	Game 1	Game 2	Game 3	Game 4	Game 5	Game 6
1	Aces	1 For Each Ace						
2	Deuces	2 For Each Deuce						
3	Treys	3 For Each Trey						
4	Fours	4 For Each Four						
5	Fives	5 For Each Five						
6	Sixes	6 For Each Six						
	Total							
Bonus Scores	If Total Is 63 – 70 : Bonus Score – 35 If Total Is 71 – 77: Bonus Score – 55 If Total Is Over 78 : Bonus Score – 75							
	Basic Section Total							
	Kismet Section	Scoring						
7	2 Pair – Same Color	Total all dice						
8	3 Of A Kind	Total all dice						
9	Straight – 1,2,3,4,5 Or 2,3,4,5,6	30						
10	Flush (All Same Color)	35						
11	Full House	Total all dice plus 15						
12	Full House – Same Color	Total all dice plus 20						
13	4 of a kind	Total all dice plus 25						
14	Yarborough	Total All Dice						
15	Kismet	Total all dice plus 50						
	Kismet Section Total							
	Basic Section Total							
	Final Total							

Kismet Score Sheet

Player's Name								
	Basic Section		Scoring	Game 1	Game 2	Game 3	Game 4	Game 5	Game 6
1	Aces		1 For Each Ace						
2	Deuces		2 For Each Deuce						
3	Treys		3 For Each Trey						
4	Fours		4 For Each Four						
5	Fives		5 For Each Five						
6	Sixes		6 For Each Six						
	Total								
	Bonus Scores	If Total Is 63 – 70 : Bonus Score – 35 If Total Is 71 – 77: Bonus Score – 55 If Total Is Over 78 : Bonus Score – 75							
	Basic Section Total								
	Kismet Section		Scoring						
7	2 Pair – Same Color		Total all dice						
8	3 Of A Kind		Total all dice						
9	Straight – 1,2,3,4,5 Or 2,3,4,5,6		30						
10	Flush (All Same Color)		35						
11	Full House		Total all dice plus 15						
12	Full House – Same Color		Total all dice plus 20						
13	4 of a kind		Total all dice plus 25						
14	Yarborough		Total All Dice						
15	Kismet		Total all dice plus 50						
Kismet Section Total									
Basic Section Total									
Final Total									

Kismet Score Sheet

Player's Name:

	Basic Section	Scoring	Game 1	Game 2	Game 3	Game 4	Game 5	Game 6
1	Aces	1 For Each Ace						
2	Deuces	2 For Each Deuce						
3	Treys	3 For Each Trey						
4	Fours	4 For Each Four						
5	Fives	5 For Each Five						
6	Sixes	6 For Each Six						
	Total							
Bonus Scores	If Total Is 63 – 70 : Bonus Score – 35 If Total Is 71 – 77: Bonus Score – 55 If Total Is Over 78 : Bonus Score – 75							
	Basic Section Total							
	Kismet Section	Scoring						
7	2 Pair – Same Color	Total all dice						
8	3 Of A Kind	Total all dice						
9	Straight – 1,2,3,4,5 Or 2,3,4,5,6	30						
10	Flush (All Same Color)	35						
11	Full House	Total all dice plus 15						
12	Full House – Same Color	Total all dice plus 20						
13	4 of a kind	Total all dice plus 25						
14	Yarborough	Total All Dice						
15	Kismet	Total all dice plus 50						
	Kismet Section Total							
	Basic Section Total							
	Final Total							

Kismet Score Sheet

Player's Name								
	Basic Section	Scoring	Game 1	Game 2	Game 3	Game 4	Game 5	Game 6
1	Aces	1 For Each Ace						
2	Deuces	2 For Each Deuce						
3	Treys	3 For Each Trey						
4	Fours	4 For Each Four						
5	Fives	5 For Each Five						
6	Sixes	6 For Each Six						
	Total							
Bonus Scores	If Total Is 63 – 70 : Bonus Score – 35 If Total Is 71 – 77: Bonus Score – 55 If Total Is Over 78 : Bonus Score – 75							
	Basic Section Total							
	Kismet Section	Scoring						
7	2 Pair – Same Color	Total all dice						
8	3 Of A Kind	Total all dice						
9	Straight – 1,2,3,4,5 Or 2,3,4,5,6	30						
10	Flush (All Same Color)	35						
11	Full House	Total all dice plus 15						
12	Full House – Same Color	Total all dice plus 20						
13	4 of a kind	Total all dice plus 25						
14	Yarborough	Total All Dice						
15	Kismet	Total all dice plus 50						
Kismet Section Total								
Basic Section Total								
Final Total								

Kismet Score Sheet

Player's Name:

	Basic Section	Scoring	Game 1	Game 2	Game 3	Game 4	Game 5	Game 6
1	Aces	1 For Each Ace						
2	Deuces	2 For Each Deuce						
3	Treys	3 For Each Trey						
4	Fours	4 For Each Four						
5	Fives	5 For Each Five						
6	Sixes	6 For Each Six						
	Total							
Bonus Scores	If Total Is 63 – 70 : Bonus Score – 35 If Total Is 71 – 77: Bonus Score – 55 If Total Is Over 78 : Bonus Score – 75							
	Basic Section Total							
	Kismet Section	Scoring						
7	2 Pair – Same Color	Total all dice						
8	3 Of A Kind	Total all dice						
9	Straight – 1,2,3,4,5 Or 2,3,4,5,6	30						
10	Flush (All Same Color)	35						
11	Full House	Total all dice plus 15						
12	Full House – Same Color	Total all dice plus 20						
13	4 of a kind	Total all dice plus 25						
14	Yarborough	Total All Dice						
15	Kismet	Total all dice plus 50						
	Kismet Section Total							
	Basic Section Total							
	Final Total							

Kismet Score Sheet

Player's Name								
	Basic Section	Scoring	Game 1	Game 2	Game 3	Game 4	Game 5	Game 6
1	Aces	1 For Each Ace						
2	Deuces	2 For Each Deuce						
3	Treys	3 For Each Trey						
4	Fours	4 For Each Four						
5	Fives	5 For Each Five						
6	Sixes	6 For Each Six						
	Total							
Bonus Scores	If Total Is 63 – 70 : Bonus Score – 35 If Total Is 71 – 77: Bonus Score – 55 If Total Is Over 78 : Bonus Score – 75							
	Basic Section Total							
	Kismet Section	Scoring						
7	2 Pair – Same Color	Total all dice						
8	3 Of A Kind	Total all dice						
9	Straight – 1,2,3,4,5 Or 2,3,4,5,6	30						
10	Flush (All Same Color)	35						
11	Full House	Total all dice plus 15						
12	Full House – Same Color	Total all dice plus 20						
13	4 of a kind	Total all dice plus 25						
14	Yarborough	Total All Dice						
15	Kismet	Total all dice plus 50						
Kismet Section Total								
Basic Section Total								
Final Total								

Kismet Score Sheet

Player's Name

	Basic Section	Scoring	Game 1	Game 2	Game 3	Game 4	Game 5	Game 6
1	Aces	1 For Each Ace						
2	Deuces	2 For Each Deuce						
3	Treys	3 For Each Trey						
4	Fours	4 For Each Four						
5	Fives	5 For Each Five						
6	Sixes	6 For Each Six						
	Total							
Bonus Scores	If Total Is 63 – 70 : Bonus Score – 35 If Total Is 71 – 77: Bonus Score – 55 If Total Is Over 78 : Bonus Score – 75							
	Basic Section Total							

	Kismet Section	Scoring	Game 1	Game 2	Game 3	Game 4	Game 5	Game 6
7	2 Pair – Same Color	Total all dice						
8	3 Of A Kind	Total all dice						
9	Straight – 1,2,3,4,5 Or 2,3,4,5,6	30						
10	Flush (All Same Color)	35						
11	Full House	Total all dice plus 15						
12	Full House – Same Color	Total all dice plus 20						
13	4 of a kind	Total all dice plus 25						
14	Yarborough	Total All Dice						
15	Kismet	Total all dice plus 50						
	Kismet Section Total							
	Basic Section Total							
	Final Total							

Kismet Score Sheet

Player's Name

#	Basic Section	Scoring	Game 1	Game 2	Game 3	Game 4	Game 5	Game 6
1	Aces	1 For Each Ace						
2	Deuces	2 For Each Deuce						
3	Treys	3 For Each Trey						
4	Fours	4 For Each Four						
5	Fives	5 For Each Five						
6	Sixes	6 For Each Six						
	Total							
	Bonus Scores	If Total Is 63 – 70 : Bonus Score – 35 If Total Is 71 – 77: Bonus Score – 55 If Total Is Over 78 : Bonus Score – 75						
	Basic Section Total							
#	Kismet Section	Scoring						
7	2 Pair – Same Color	Total all dice						
8	3 Of A Kind	Total all dice						
9	Straight – 1,2,3,4,5 Or 2,3,4,5,6	30						
10	Flush (All Same Color)	35						
11	Full House	Total all dice plus 15						
12	Full House – Same Color	Total all dice plus 20						
13	4 of a kind	Total all dice plus 25						
14	Yarborough	Total All Dice						
15	Kismet	Total all dice plus 50						
	Kismet Section Total							
	Basic Section Total							
	Final Total							

Kismet Score Sheet

Player's Name:

	Basic Section	Scoring	Game 1	Game 2	Game 3	Game 4	Game 5	Game 6
1	Aces	1 For Each Ace						
2	Deuces	2 For Each Deuce						
3	Treys	3 For Each Trey						
4	Fours	4 For Each Four						
5	Fives	5 For Each Five						
6	Sixes	6 For Each Six						
	Total							
	Bonus Scores	If Total Is 63 – 70 : Bonus Score – 35 If Total Is 71 – 77: Bonus Score – 55 If Total Is Over 78 : Bonus Score – 75						
	Basic Section Total							

	Kismet Section	Scoring	Game 1	Game 2	Game 3	Game 4	Game 5	Game 6
7	2 Pair – Same Color	Total all dice						
8	3 Of A Kind	Total all dice						
9	Straight – 1,2,3,4,5 Or 2,3,4,5,6	30						
10	Flush (All Same Color)	35						
11	Full House	Total all dice plus 15						
12	Full House – Same Color	Total all dice plus 20						
13	4 of a kind	Total all dice plus 25						
14	Yarborough	Total All Dice						
15	Kismet	Total all dice plus 50						
	Kismet Section Total							
	Basic Section Total							
	Final Total							

Kismet Score Sheet

Player's Name								
	Basic Section		Scoring	Game 1	Game 2	Game 3	Game 4	Game 5	Game 6
1	Aces		1 For Each Ace						
2	Deuces		2 For Each Deuce						
3	Treys		3 For Each Trey						
4	Fours		4 For Each Four						
5	Fives		5 For Each Five						
6	Sixes		6 For Each Six						
	Total								
	Bonus Scores	If Total Is 63 – 70 : Bonus Score – 35 If Total Is 71 – 77: Bonus Score – 55 If Total Is Over 78 : Bonus Score – 75							
	Basic Section Total								
	Kismet Section		Scoring						
7	2 Pair – Same Color		Total all dice						
8	3 Of A Kind		Total all dice						
9	Straight – 1,2,3,4,5 Or 2,3,4,5,6		30						
10	Flush (All Same Color)		35						
11	Full House		Total all dice plus 15						
12	Full House – Same Color		Total all dice plus 20						
13	4 of a kind		Total all dice plus 25						
14	Yarborough		Total All Dice						
15	Kismet		Total all dice plus 50						
Kismet Section Total									
Basic Section Total									
Final Total									

Kismet Score Sheet

Player's Name:

	Basic Section	Scoring	Game 1	Game 2	Game 3	Game 4	Game 5	Game 6
1	Aces	1 For Each Ace						
2	Deuces	2 For Each Deuce						
3	Treys	3 For Each Trey						
4	Fours	4 For Each Four						
5	Fives	5 For Each Five						
6	Sixes	6 For Each Six						
	Total							
Bonus Scores	If Total Is 63 – 70 : Bonus Score – 35 If Total Is 71 – 77: Bonus Score – 55 If Total Is Over 78 : Bonus Score – 75							
	Basic Section Total							

	Kismet Section	Scoring	Game 1	Game 2	Game 3	Game 4	Game 5	Game 6
7	2 Pair – Same Color	Total all dice						
8	3 Of A Kind	Total all dice						
9	Straight – 1,2,3,4,5 Or 2,3,4,5,6	30						
10	Flush (All Same Color)	35						
11	Full House	Total all dice plus 15						
12	Full House – Same Color	Total all dice plus 20						
13	4 of a kind	Total all dice plus 25						
14	Yarborough	Total All Dice						
15	Kismet	Total all dice plus 50						
	Kismet Section Total							
	Basic Section Total							
	Final Total							

Kismet Score Sheet

Player's Name			Game 1	Game 2	Game 3	Game 4	Game 5	Game 6
Basic Section		**Scoring**						
1	Aces	1 For Each Ace						
2	Deuces	2 For Each Deuce						
3	Treys	3 For Each Trey						
4	Fours	4 For Each Four						
5	Fives	5 For Each Five						
6	Sixes	6 For Each Six						
	Total							
Bonus Scores	If Total Is 63 – 70 : Bonus Score – 35 If Total Is 71 – 77: Bonus Score – 55 If Total Is Over 78 : Bonus Score – 75							
	Basic Section Total							
	Kismet Section	**Scoring**						
7	2 Pair – Same Color	Total all dice						
8	3 Of A Kind	Total all dice						
9	Straight – 1,2,3,4,5 Or 2,3,4,5,6	30						
10	Flush (All Same Color)	35						
11	Full House	Total all dice plus 15						
12	Full House – Same Color	Total all dice plus 20						
13	4 of a kind	Total all dice plus 25						
14	Yarborough	Total All Dice						
15	Kismet	Total all dice plus 50						
Kismet Section Total								
Basic Section Total								
Final Total								

Kismet Score Sheet

Player's Name								

#	Basic Section	Scoring	Game 1	Game 2	Game 3	Game 4	Game 5	Game 6
1	Aces	1 For Each Ace						
2	Deuces	2 For Each Deuce						
3	Treys	3 For Each Trey						
4	Fours	4 For Each Four						
5	Fives	5 For Each Five						
6	Sixes	6 For Each Six						
	Total							
	Bonus Scores	If Total Is 63 – 70 : Bonus Score – 35 If Total Is 71 – 77: Bonus Score – 55 If Total Is Over 78 : Bonus Score – 75						
	Basic Section Total							

#	Kismet Section	Scoring	Game 1	Game 2	Game 3	Game 4	Game 5	Game 6
7	2 Pair – Same Color	Total all dice						
8	3 Of A Kind	Total all dice						
9	Straight – 1,2,3,4,5 Or 2,3,4,5,6	30						
10	Flush (All Same Color)	35						
11	Full House	Total all dice plus 15						
12	Full House – Same Color	Total all dice plus 20						
13	4 of a kind	Total all dice plus 25						
14	Yarborough	Total All Dice						
15	Kismet	Total all dice plus 50						
	Kismet Section Total							
	Basic Section Total							
	Final Total							

Kismet Score Sheet

Player's Name							
Basic Section		Scoring	Game 1	Game 2	Game 3	Game 4	Game 5
1	Aces	1 For Each Ace					
2	Deuces	2 For Each Deuce					
3	Treys	3 For Each Trey					
4	Fours	4 For Each Four					
5	Fives	5 For Each Five					
6	Sixes	6 For Each Six					
Total							
Bonus Scores	If Total Is 63 – 70 : Bonus Score – 35 If Total Is 71 – 77: Bonus Score – 55 If Total Is Over 78 : Bonus Score – 75						
Basic Section Total							
	Kismet Section	Scoring					
7	2 Pair – Same Color	Total all dice					
8	3 Of A Kind	Total all dice					
9	Straight – 1,2,3,4,5 Or 2,3,4,5,6	30					
10	Flush (All Same Color)	35					
11	Full House	Total all dice plus 15					
12	Full House – Same Color	Total all dice plus 20					
13	4 of a kind	Total all dice plus 25					
14	Yarborough	Total All Dice					
15	Kismet	Total all dice plus 50					
Kismet Section Total							
Basic Section Total							
Final Total							

Kismet Score Sheet

Player's Name:

	Basic Section	Scoring	Game 1	Game 2	Game 3	Game 4	Game 5	Game 6
1	Aces	1 For Each Ace						
2	Deuces	2 For Each Deuce						
3	Treys	3 For Each Trey						
4	Fours	4 For Each Four						
5	Fives	5 For Each Five						
6	Sixes	6 For Each Six						
	Total							
Bonus Scores	If Total Is 63 – 70 : Bonus Score – 35 If Total Is 71 – 77: Bonus Score – 55 If Total Is Over 78 : Bonus Score – 75							
	Basic Section Total							
	Kismet Section	Scoring						
7	2 Pair – Same Color	Total all dice						
8	3 Of A Kind	Total all dice						
9	Straight – 1,2,3,4,5 Or 2,3,4,5,6	30						
10	Flush (All Same Color)	35						
11	Full House	Total all dice plus 15						
12	Full House – Same Color	Total all dice plus 20						
13	4 of a kind	Total all dice plus 25						
14	Yarborough	Total All Dice						
15	Kismet	Total all dice plus 50						
	Kismet Section Total							
	Basic Section Total							
	Final Total							

Kismet Score Sheet

Player's Name								
	Basic Section		Scoring	Game 1	Game 2	Game 3	Game 4	Game 5	Game 6
1	Aces		1 For Each Ace						
2	Deuces		2 For Each Deuce						
3	Treys		3 For Each Trey						
4	Fours		4 For Each Four						
5	Fives		5 For Each Five						
6	Sixes		6 For Each Six						
	Total								
	Bonus Scores		If Total Is 63 – 70 : Bonus Score – 35 If Total Is 71 – 77: Bonus Score – 55 If Total Is Over 78 : Bonus Score – 75						
	Basic Section Total								
	Kismet Section		Scoring						
7	2 Pair – Same Color		Total all dice						
8	3 Of A Kind		Total all dice						
9	Straight – 1,2,3,4,5 Or 2,3,4,5,6		30						
10	Flush (All Same Color)		35						
11	Full House		Total all dice plus 15						
12	Full House – Same Color		Total all dice plus 20						
13	4 of a kind		Total all dice plus 25						
14	Yarborough		Total All Dice						
15	Kismet		Total all dice plus 50						
Kismet Section Total									
Basic Section Total									
Final Total									

Kismet Score Sheet

Player's Name:

	Basic Section	Scoring	Game 1	Game 2	Game 3	Game 4	Game 5	Game 6
1	Aces	1 For Each Ace						
2	Deuces	2 For Each Deuce						
3	Treys	3 For Each Trey						
4	Fours	4 For Each Four						
5	Fives	5 For Each Five						
6	Sixes	6 For Each Six						
	Total							
Bonus Scores	If Total Is 63 – 70 : Bonus Score – 35 If Total Is 71 – 77: Bonus Score – 55 If Total Is Over 78 : Bonus Score – 75							
	Basic Section Total							

	Kismet Section	Scoring	Game 1	Game 2	Game 3	Game 4	Game 5	Game 6
7	2 Pair – Same Color	Total all dice						
8	3 Of A Kind	Total all dice						
9	Straight – 1,2,3,4,5 Or 2,3,4,5,6	30						
10	Flush (All Same Color)	35						
11	Full House	Total all dice plus 15						
12	Full House – Same Color	Total all dice plus 20						
13	4 of a kind	Total all dice plus 25						
14	Yarborough	Total All Dice						
15	Kismet	Total all dice plus 50						
	Kismet Section Total							
	Basic Section Total							
	Final Total							

Kismet Score Sheet

Player's Name

	Basic Section	Scoring	Game 1	Game 2	Game 3	Game 4	Game 5	Game 6
1	Aces	1 For Each Ace						
2	Deuces	2 For Each Deuce						
3	Treys	3 For Each Trey						
4	Fours	4 For Each Four						
5	Fives	5 For Each Five						
6	Sixes	6 For Each Six						
	Total							
Bonus Scores	If Total Is 63 – 70 : Bonus Score – 35 If Total Is 71 – 77: Bonus Score – 55 If Total Is Over 78 : Bonus Score – 75							
	Basic Section Total							
	Kismet Section	Scoring						
7	2 Pair – Same Color	Total all dice						
8	3 Of A Kind	Total all dice						
9	Straight – 1,2,3,4,5 Or 2,3,4,5,6	30						
10	Flush (All Same Color)	35						
11	Full House	Total all dice plus 15						
12	Full House – Same Color	Total all dice plus 20						
13	4 of a kind	Total all dice plus 25						
14	Yarborough	Total All Dice						
15	Kismet	Total all dice plus 50						
Kismet Section Total								
Basic Section Total								
Final Total								

Kismet Score Sheet

Player's Name								
	Basic Section	Scoring	Game 1	Game 2	Game 3	Game 4	Game 5	Game 6
1	Aces	1 For Each Ace						
2	Deuces	2 For Each Deuce						
3	Treys	3 For Each Trey						
4	Fours	4 For Each Four						
5	Fives	5 For Each Five						
6	Sixes	6 For Each Six						
	Total							
Bonus Scores	If Total Is 63 – 70 : Bonus Score – 35 If Total Is 71 – 77: Bonus Score – 55 If Total Is Over 78 : Bonus Score – 75							
	Basic Section Total							
	Kismet Section	Scoring						
7	2 Pair – Same Color	Total all dice						
8	3 Of A Kind	Total all dice						
9	Straight – 1,2,3,4,5 Or 2,3,4,5,6	30						
10	Flush (All Same Color)	35						
11	Full House	Total all dice plus 15						
12	Full House – Same Color	Total all dice plus 20						
13	4 of a kind	Total all dice plus 25						
14	Yarborough	Total All Dice						
15	Kismet	Total all dice plus 50						
Kismet Section Total								
Basic Section Total								
Final Total								

Kismet Score Sheet

Player's Name								
Basic Section		Scoring	Game 1	Game 2	Game 3	Game 4	Game 5	Game 6
1	Aces	1 For Each Ace						
2	Deuces	2 For Each Deuce						
3	Treys	3 For Each Trey						
4	Fours	4 For Each Four						
5	Fives	5 For Each Five						
6	Sixes	6 For Each Six						
	Total							
Bonus Scores	If Total Is 63 – 70 : Bonus Score – 35 If Total Is 71 – 77: Bonus Score – 55 If Total Is Over 78 : Bonus Score – 75							
	Basic Section Total							
	Kismet Section	Scoring						
7	2 Pair – Same Color	Total all dice						
8	3 Of A Kind	Total all dice						
9	Straight – 1,2,3,4,5 Or 2,3,4,5,6	30						
10	Flush (All Same Color)	35						
11	Full House	Total all dice plus 15						
12	Full House – Same Color	Total all dice plus 20						
13	4 of a kind	Total all dice plus 25						
14	Yarborough	Total All Dice						
15	Kismet	Total all dice plus 50						
Kismet Section Total								
Basic Section Total								
Final Total								

Kismet Score Sheet

Player's Name							
Basic Section		Scoring	Game 1	Game 2	Game 3	Game 4	Game 5	Game 6
1	Aces	1 For Each Ace						
2	Deuces	2 For Each Deuce						
3	Treys	3 For Each Trey						
4	Fours	4 For Each Four						
5	Fives	5 For Each Five						
6	Sixes	6 For Each Six						
		Total						
Bonus Scores	If Total Is 63 – 70 : Bonus Score – 35 If Total Is 71 – 77: Bonus Score – 55 If Total Is Over 78 : Bonus Score – 75							
		Basic Section Total						
	Kismet Section	Scoring						
7	2 Pair – Same Color	Total all dice						
8	3 Of A Kind	Total all dice						
9	Straight – 1,2,3,4,5 Or 2,3,4,5,6	30						
10	Flush (All Same Color)	35						
11	Full House	Total all dice plus 15						
12	Full House – Same Color	Total all dice plus 20						
13	4 of a kind	Total all dice plus 25						
14	Yarborough	Total All Dice						
15	Kismet	Total all dice plus 50						
Kismet Section Total								
Basic Section Total								
Final Total								

Kismet Score Sheet

Player's Name								
	Basic Section		Scoring	Game 1	Game 2	Game 3	Game 4	Game 5	Game 6
1	Aces		1 For Each Ace						
2	Deuces		2 For Each Deuce						
3	Treys		3 For Each Trey						
4	Fours		4 For Each Four						
5	Fives		5 For Each Five						
6	Sixes		6 For Each Six						
	Total								
	Bonus Scores	If Total Is 63 – 70 : Bonus Score – 35 If Total Is 71 – 77: Bonus Score – 55 If Total Is Over 78 : Bonus Score – 75							
	Basic Section Total								
	Kismet Section		Scoring						
7	2 Pair – Same Color		Total all dice						
8	3 Of A Kind		Total all dice						
9	Straight – 1,2,3,4,5 Or 2,3,4,5,6		30						
10	Flush (All Same Color)		35						
11	Full House		Total all dice plus 15						
12	Full House – Same Color		Total all dice plus 20						
13	4 of a kind		Total all dice plus 25						
14	Yarborough		Total All Dice						
15	Kismet		Total all dice plus 50						
Kismet Section Total									
Basic Section Total									
Final Total									

Kismet Score Sheet

Player's Name:

	Basic Section	Scoring	Game 1	Game 2	Game 3	Game 4	Game 5	Game 6
1	Aces	1 For Each Ace						
2	Deuces	2 For Each Deuce						
3	Treys	3 For Each Trey						
4	Fours	4 For Each Four						
5	Fives	5 For Each Five						
6	Sixes	6 For Each Six						
	Total							
Bonus Scores	If Total Is 63 – 70 : Bonus Score – 35 If Total Is 71 – 77: Bonus Score – 55 If Total Is Over 78 : Bonus Score – 75							
	Basic Section Total							

	Kismet Section	Scoring	Game 1	Game 2	Game 3	Game 4	Game 5	Game 6
7	2 Pair – Same Color	Total all dice						
8	3 Of A Kind	Total all dice						
9	Straight – 1,2,3,4,5 Or 2,3,4,5,6	30						
10	Flush (All Same Color)	35						
11	Full House	Total all dice plus 15						
12	Full House – Same Color	Total all dice plus 20						
13	4 of a kind	Total all dice plus 25						
14	Yarborough	Total All Dice						
15	Kismet	Total all dice plus 50						
	Kismet Section Total							
	Basic Section Total							
	Final Total							

Kismet Score Sheet

Player's Name			Game 1	Game 2	Game 3	Game 4	Game 5	Game 6
Basic Section		**Scoring**						
1	Aces	1 For Each Ace						
2	Deuces	2 For Each Deuce						
3	Treys	3 For Each Trey						
4	Fours	4 For Each Four						
5	Fives	5 For Each Five						
6	Sixes	6 For Each Six						
	Total							
Bonus Scores	If Total Is 63 – 70 : Bonus Score – 35 If Total Is 71 – 77: Bonus Score – 55 If Total Is Over 78 : Bonus Score – 75							
	Basic Section Total							
	Kismet Section	**Scoring**						
7	2 Pair – Same Color	Total all dice						
8	3 Of A Kind	Total all dice						
9	Straight – 1,2,3,4,5 Or 2,3,4,5,6	30						
10	Flush (All Same Color)	35						
11	Full House	Total all dice plus 15						
12	Full House – Same Color	Total all dice plus 20						
13	4 of a kind	Total all dice plus 25						
14	Yarborough	Total All Dice						
15	Kismet	Total all dice plus 50						
Kismet Section Total								
Basic Section Total								
Final Total								

Kismet Score Sheet

Player's Name

	Basic Section	Scoring	Game 1	Game 2	Game 3	Game 4	Game 5	Game 6
1	Aces	1 For Each Ace						
2	Deuces	2 For Each Deuce						
3	Treys	3 For Each Trey						
4	Fours	4 For Each Four						
5	Fives	5 For Each Five						
6	Sixes	6 For Each Six						
	Total							
Bonus Scores	If Total Is 63 – 70 : Bonus Score – 35 If Total Is 71 – 77: Bonus Score – 55 If Total Is Over 78 : Bonus Score – 75							
	Basic Section Total							
	Kismet Section	Scoring						
7	2 Pair – Same Color	Total all dice						
8	3 Of A Kind	Total all dice						
9	Straight – 1,2,3,4,5 Or 2,3,4,5,6	30						
10	Flush (All Same Color)	35						
11	Full House	Total all dice plus 15						
12	Full House – Same Color	Total all dice plus 20						
13	4 of a kind	Total all dice plus 25						
14	Yarborough	Total All Dice						
15	Kismet	Total all dice plus 50						
Kismet Section Total								
Basic Section Total								
Final Total								

Kismet Score Sheet

Player's Name								
	Basic Section		Scoring	Game 1	Game 2	Game 3	Game 4	Game 5	Game 6
1	Aces		1 For Each Ace						
2	Deuces		2 For Each Deuce						
3	Treys		3 For Each Trey						
4	Fours		4 For Each Four						
5	Fives		5 For Each Five						
6	Sixes		6 For Each Six						
	Total								
	Bonus Scores		If Total Is 63 – 70 : Bonus Score – 35 If Total Is 71 – 77: Bonus Score – 55 If Total Is Over 78 : Bonus Score – 75						
	Basic Section Total								
	Kismet Section		Scoring						
7	2 Pair – Same Color		Total all dice						
8	3 Of A Kind		Total all dice						
9	Straight – 1,2,3,4,5 Or 2,3,4,5,6		30						
10	Flush (All Same Color)		35						
11	Full House		Total all dice plus 15						
12	Full House – Same Color		Total all dice plus 20						
13	4 of a kind		Total all dice plus 25						
14	Yarborough		Total All Dice						
15	Kismet		Total all dice plus 50						
Kismet Section Total									
Basic Section Total									
Final Total									

Kismet Score Sheet

Player's Name:

	Basic Section	Scoring	Game 1	Game 2	Game 3	Game 4	Game 5	Game 6
1	Aces	1 For Each Ace						
2	Deuces	2 For Each Deuce						
3	Treys	3 For Each Trey						
4	Fours	4 For Each Four						
5	Fives	5 For Each Five						
6	Sixes	6 For Each Six						
	Total							
Bonus Scores	If Total Is 63 – 70 : Bonus Score – 35 If Total Is 71 – 77: Bonus Score – 55 If Total Is Over 78 : Bonus Score – 75							
	Basic Section Total							
	Kismet Section	Scoring						
7	2 Pair – Same Color	Total all dice						
8	3 Of A Kind	Total all dice						
9	Straight – 1,2,3,4,5 Or 2,3,4,5,6	30						
10	Flush (All Same Color)	35						
11	Full House	Total all dice plus 15						
12	Full House – Same Color	Total all dice plus 20						
13	4 of a kind	Total all dice plus 25						
14	Yarborough	Total All Dice						
15	Kismet	Total all dice plus 50						
Kismet Section Total								
Basic Section Total								
Final Total								

Kismet Score Sheet

Player's Name

	Basic Section	Scoring	Game 1	Game 2	Game 3	Game 4	Game 5	Game 6
1	Aces	1 For Each Ace						
2	Deuces	2 For Each Deuce						
3	Treys	3 For Each Trey						
4	Fours	4 For Each Four						
5	Fives	5 For Each Five						
6	Sixes	6 For Each Six						
	Total							
Bonus Scores	If Total Is 63 – 70 : Bonus Score – 35 If Total Is 71 – 77: Bonus Score – 55 If Total Is Over 78 : Bonus Score – 75							
	Basic Section Total							
	Kismet Section	Scoring						
7	2 Pair – Same Color	Total all dice						
8	3 Of A Kind	Total all dice						
9	Straight – 1,2,3,4,5 Or 2,3,4,5,6	30						
10	Flush (All Same Color)	35						
11	Full House	Total all dice plus 15						
12	Full House – Same Color	Total all dice plus 20						
13	4 of a kind	Total all dice plus 25						
14	Yarborough	Total All Dice						
15	Kismet	Total all dice plus 50						
Kismet Section Total								
Basic Section Total								
Final Total								

Kismet Score Sheet

Player's Name:

#	Basic Section	Scoring	Game 1	Game 2	Game 3	Game 4	Game 5	Game 6
1	Aces	1 For Each Ace						
2	Deuces	2 For Each Deuce						
3	Treys	3 For Each Trey						
4	Fours	4 For Each Four						
5	Fives	5 For Each Five						
6	Sixes	6 For Each Six						
	Total							
	Bonus Scores	If Total Is 63 – 70 : Bonus Score – 35 If Total Is 71 – 77: Bonus Score – 55 If Total Is Over 78 : Bonus Score – 75						
	Basic Section Total							

#	Kismet Section	Scoring	Game 1	Game 2	Game 3	Game 4	Game 5	Game 6
7	2 Pair – Same Color	Total all dice						
8	3 Of A Kind	Total all dice						
9	Straight – 1,2,3,4,5 Or 2,3,4,5,6	30						
10	Flush (All Same Color)	35						
11	Full House	Total all dice plus 15						
12	Full House – Same Color	Total all dice plus 20						
13	4 of a kind	Total all dice plus 25						
14	Yarborough	Total All Dice						
15	Kismet	Total all dice plus 50						
	Kismet Section Total							
	Basic Section Total							
	Final Total							

Kismet Score Sheet

Player's Name								
	Basic Section		Scoring	Game 1	Game 2	Game 3	Game 4	Game 5	Game 6
1	Aces		1 For Each Ace						
2	Deuces		2 For Each Deuce						
3	Treys		3 For Each Trey						
4	Fours		4 For Each Four						
5	Fives		5 For Each Five						
6	Sixes		6 For Each Six						
	Total								
	Bonus Scores	If Total Is 63 – 70 : Bonus Score – 35 If Total Is 71 – 77: Bonus Score – 55 If Total Is Over 78 : Bonus Score – 75							
	Basic Section Total								
	Kismet Section		Scoring						
7	2 Pair – Same Color		Total all dice						
8	3 Of A Kind		Total all dice						
9	Straight – 1,2,3,4,5 Or 2,3,4,5,6		30						
10	Flush (All Same Color)		35						
11	Full House		Total all dice plus 15						
12	Full House – Same Color		Total all dice plus 20						
13	4 of a kind		Total all dice plus 25						
14	Yarborough		Total All Dice						
15	Kismet		Total all dice plus 50						
Kismet Section Total									
Basic Section Total									
Final Total									

Kismet Score Sheet

Player's Name:

	Basic Section	Scoring	Game 1	Game 2	Game 3	Game 4	Game 5	Game 6
1	Aces	1 For Each Ace						
2	Deuces	2 For Each Deuce						
3	Treys	3 For Each Trey						
4	Fours	4 For Each Four						
5	Fives	5 For Each Five						
6	Sixes	6 For Each Six						
		Total						
	Bonus Scores	If Total Is 63 – 70 : Bonus Score – 35 If Total Is 71 – 77: Bonus Score – 55 If Total Is Over 78 : Bonus Score – 75						
		Basic Section Total						
	Kismet Section	Scoring						
7	2 Pair – Same Color	Total all dice						
8	3 Of A Kind	Total all dice						
9	Straight – 1,2,3,4,5 Or 2,3,4,5,6	30						
10	Flush (All Same Color)	35						
11	Full House	Total all dice plus 15						
12	Full House – Same Color	Total all dice plus 20						
13	4 of a kind	Total all dice plus 25						
14	Yarborough	Total All Dice						
15	Kismet	Total all dice plus 50						
	Kismet Section Total							
	Basic Section Total							
	Final Total							

Kismet Score Sheet

Player's Name								
	Basic Section		Scoring	Game 1	Game 2	Game 3	Game 4	Game 5	Game 6
1	Aces		1 For Each Ace						
2	Deuces		2 For Each Deuce						
3	Treys		3 For Each Trey						
4	Fours		4 For Each Four						
5	Fives		5 For Each Five						
6	Sixes		6 For Each Six						
		Total							
	Bonus Scores	If Total Is 63 – 70 : Bonus Score – 35 If Total Is 71 – 77: Bonus Score – 55 If Total Is Over 78 : Bonus Score – 75							
	Basic Section Total								
	Kismet Section		Scoring						
7	2 Pair – Same Color		Total all dice						
8	3 Of A Kind		Total all dice						
9	Straight – 1,2,3,4,5 Or 2,3,4,5,6		30						
10	Flush (All Same Color)		35						
11	Full House		Total all dice plus 15						
12	Full House – Same Color		Total all dice plus 20						
13	4 of a kind		Total all dice plus 25						
14	Yarborough		Total All Dice						
15	Kismet		Total all dice plus 50						
Kismet Section Total									
Basic Section Total									
Final Total									

Kismet Score Sheet

Player's Name

	Basic Section	Scoring	Game 1	Game 2	Game 3	Game 4	Game 5	Game 6
1	Aces	1 For Each Ace						
2	Deuces	2 For Each Deuce						
3	Treys	3 For Each Trey						
4	Fours	4 For Each Four						
5	Fives	5 For Each Five						
6	Sixes	6 For Each Six						
	Total							
Bonus Scores	If Total Is 63 – 70 : Bonus Score – 35 If Total Is 71 – 77: Bonus Score – 55 If Total Is Over 78 : Bonus Score – 75							
	Basic Section Total							

	Kismet Section	Scoring	Game 1	Game 2	Game 3	Game 4	Game 5	Game 6
7	2 Pair – Same Color	Total all dice						
8	3 Of A Kind	Total all dice						
9	Straight – 1,2,3,4,5 Or 2,3,4,5,6	30						
10	Flush (All Same Color)	35						
11	Full House	Total all dice plus 15						
12	Full House – Same Color	Total all dice plus 20						
13	4 of a kind	Total all dice plus 25						
14	Yarborough	Total All Dice						
15	Kismet	Total all dice plus 50						
	Kismet Section Total							
	Basic Section Total							
	Final Total							

Kismet Score Sheet

Player's Name			Game 1	Game 2	Game 3	Game 4	Game 5	Game 6
Basic Section		**Scoring**						
1	Aces	1 For Each Ace						
2	Deuces	2 For Each Deuce						
3	Treys	3 For Each Trey						
4	Fours	4 For Each Four						
5	Fives	5 For Each Five						
6	Sixes	6 For Each Six						
	Total							
Bonus Scores	If Total Is 63 – 70 : Bonus Score – 35 If Total Is 71 – 77: Bonus Score – 55 If Total Is Over 78 : Bonus Score – 75							
	Basic Section Total							
	Kismet Section	**Scoring**						
7	2 Pair – Same Color	Total all dice						
8	3 Of A Kind	Total all dice						
9	Straight – 1,2,3,4,5 Or 2,3,4,5,6	30						
10	Flush (All Same Color)	35						
11	Full House	Total all dice plus 15						
12	Full House – Same Color	Total all dice plus 20						
13	4 of a kind	Total all dice plus 25						
14	Yarborough	Total All Dice						
15	Kismet	Total all dice plus 50						
Kismet Section Total								
Basic Section Total								
Final Total								

Kismet Score Sheet

Player's Name								

	Basic Section	Scoring	Game 1	Game 2	Game 3	Game 4	Game 5	Game 6
1	Aces	1 For Each Ace						
2	Deuces	2 For Each Deuce						
3	Treys	3 For Each Trey						
4	Fours	4 For Each Four						
5	Fives	5 For Each Five						
6	Sixes	6 For Each Six						
	Total							
Bonus Scores	If Total Is 63 – 70 : Bonus Score – 35 If Total Is 71 – 77: Bonus Score – 55 If Total Is Over 78 : Bonus Score – 75							
	Basic Section Total							
	Kismet Section	Scoring						
7	2 Pair – Same Color	Total all dice						
8	3 Of A Kind	Total all dice						
9	Straight – 1,2,3,4,5 Or 2,3,4,5,6	30						
10	Flush (All Same Color)	35						
11	Full House	Total all dice plus 15						
12	Full House – Same Color	Total all dice plus 20						
13	4 of a kind	Total all dice plus 25						
14	Yarborough	Total All Dice						
15	Kismet	Total all dice plus 50						
Kismet Section Total								
Basic Section Total								
Final Total								

Kismet Score Sheet

Player's Name								
	Basic Section		Scoring	Game 1	Game 2	Game 3	Game 4	Game 5	Game 6
1	Aces		1 For Each Ace						
2	Deuces		2 For Each Deuce						
3	Treys		3 For Each Trey						
4	Fours		4 For Each Four						
5	Fives		5 For Each Five						
6	Sixes		6 For Each Six						
	Total								
	Bonus Scores	If Total Is 63 – 70 : Bonus Score – 35 If Total Is 71 – 77: Bonus Score – 55 If Total Is Over 78 : Bonus Score – 75							
	Basic Section Total								
	Kismet Section		Scoring						
7	2 Pair – Same Color		Total all dice						
8	3 Of A Kind		Total all dice						
9	Straight – 1,2,3,4,5 Or 2,3,4,5,6		30						
10	Flush (All Same Color)		35						
11	Full House		Total all dice plus 15						
12	Full House – Same Color		Total all dice plus 20						
13	4 of a kind		Total all dice plus 25						
14	Yarborough		Total All Dice						
15	Kismet		Total all dice plus 50						
Kismet Section Total									
Basic Section Total									
Final Total									

Kismet Score Sheet

Player's Name

	Basic Section	Scoring	Game 1	Game 2	Game 3	Game 4	Game 5	Game 6
1	Aces	1 For Each Ace						
2	Deuces	2 For Each Deuce						
3	Treys	3 For Each Trey						
4	Fours	4 For Each Four						
5	Fives	5 For Each Five						
6	Sixes	6 For Each Six						
	Total							
	Bonus Scores	If Total Is 63 – 70 : Bonus Score – 35 If Total Is 71 – 77: Bonus Score – 55 If Total Is Over 78 : Bonus Score – 75						
	Basic Section Total							

	Kismet Section	Scoring	Game 1	Game 2	Game 3	Game 4	Game 5	Game 6
7	2 Pair – Same Color	Total all dice						
8	3 Of A Kind	Total all dice						
9	Straight – 1,2,3,4,5 Or 2,3,4,5,6	30						
10	Flush (All Same Color)	35						
11	Full House	Total all dice plus 15						
12	Full House – Same Color	Total all dice plus 20						
13	4 of a kind	Total all dice plus 25						
14	Yarborough	Total All Dice						
15	Kismet	Total all dice plus 50						
	Kismet Section Total							
	Basic Section Total							
	Final Total							

Kismet Score Sheet

Player's Name			Game 1	Game 2	Game 3	Game 4	Game 5	Game 6
	Basic Section	Scoring						
1	Aces	1 For Each Ace						
2	Deuces	2 For Each Deuce						
3	Treys	3 For Each Trey						
4	Fours	4 For Each Four						
5	Fives	5 For Each Five						
6	Sixes	6 For Each Six						
	Total							
Bonus Scores	If Total Is 63 – 70 : Bonus Score – 35 If Total Is 71 – 77: Bonus Score – 55 If Total Is Over 78 : Bonus Score – 75							
	Basic Section Total							
	Kismet Section	Scoring						
7	2 Pair – Same Color	Total all dice						
8	3 Of A Kind	Total all dice						
9	Straight – 1,2,3,4,5 Or 2,3,4,5,6	30						
10	Flush (All Same Color)	35						
11	Full House	Total all dice plus 15						
12	Full House – Same Color	Total all dice plus 20						
13	4 of a kind	Total all dice plus 25						
14	Yarborough	Total All Dice						
15	Kismet	Total all dice plus 50						
Kismet Section Total								
Basic Section Total								
Final Total								

Kismet Score Sheet

Player's Name

	Basic Section	Scoring	Game 1	Game 2	Game 3	Game 4	Game 5	Game 6
1	Aces	1 For Each Ace						
2	Deuces	2 For Each Deuce						
3	Treys	3 For Each Trey						
4	Fours	4 For Each Four						
5	Fives	5 For Each Five						
6	Sixes	6 For Each Six						
	Total							
	Bonus Scores	If Total Is 63 – 70 : Bonus Score – 35 If Total Is 71 – 77: Bonus Score – 55 If Total Is Over 78 : Bonus Score – 75						
	Basic Section Total							
	Kismet Section	Scoring						
7	2 Pair – Same Color	Total all dice						
8	3 Of A Kind	Total all dice						
9	Straight – 1,2,3,4,5 Or 2,3,4,5,6	30						
10	Flush (All Same Color)	35						
11	Full House	Total all dice plus 15						
12	Full House – Same Color	Total all dice plus 20						
13	4 of a kind	Total all dice plus 25						
14	Yarborough	Total All Dice						
15	Kismet	Total all dice plus 50						
	Kismet Section Total							
	Basic Section Total							
	Final Total							

Kismet Score Sheet

Player's Name			Game 1	Game 2	Game 3	Game 4	Game 5	Game 6
	Basic Section	Scoring						
1	Aces	1 For Each Ace						
2	Deuces	2 For Each Deuce						
3	Treys	3 For Each Trey						
4	Fours	4 For Each Four						
5	Fives	5 For Each Five						
6	Sixes	6 For Each Six						
	Total							
	Bonus Scores	If Total Is 63 – 70 : Bonus Score – 35 If Total Is 71 – 77: Bonus Score – 55 If Total Is Over 78 : Bonus Score – 75						
	Basic Section Total							
	Kismet Section	Scoring						
7	2 Pair – Same Color	Total all dice						
8	3 Of A Kind	Total all dice						
9	Straight – 1,2,3,4,5 Or 2,3,4,5,6	30						
10	Flush (All Same Color)	35						
11	Full House	Total all dice plus 15						
12	Full House – Same Color	Total all dice plus 20						
13	4 of a kind	Total all dice plus 25						
14	Yarborough	Total All Dice						
15	Kismet	Total all dice plus 50						
Kismet Section Total								
Basic Section Total								
Final Total								

Kismet Score Sheet

Player's Name:

	Basic Section	Scoring	Game 1	Game 2	Game 3	Game 4	Game 5	Game 6
1	Aces	1 For Each Ace						
2	Deuces	2 For Each Deuce						
3	Treys	3 For Each Trey						
4	Fours	4 For Each Four						
5	Fives	5 For Each Five						
6	Sixes	6 For Each Six						
	Total							
Bonus Scores	If Total Is 63 – 70 : Bonus Score – 35 If Total Is 71 – 77: Bonus Score – 55 If Total Is Over 78 : Bonus Score – 75							
	Basic Section Total							

	Kismet Section	Scoring						
7	2 Pair – Same Color	Total all dice						
8	3 Of A Kind	Total all dice						
9	Straight – 1,2,3,4,5 Or 2,3,4,5,6	30						
10	Flush (All Same Color)	35						
11	Full House	Total all dice plus 15						
12	Full House – Same Color	Total all dice plus 20						
13	4 of a kind	Total all dice plus 25						
14	Yarborough	Total All Dice						
15	Kismet	Total all dice plus 50						
	Kismet Section Total							
	Basic Section Total							
	Final Total							

Kismet Score Sheet

Player's Name			Game 1	Game 2	Game 3	Game 4	Game 5	Game 6
Basic Section		**Scoring**						
1	Aces	1 For Each Ace						
2	Deuces	2 For Each Deuce						
3	Treys	3 For Each Trey						
4	Fours	4 For Each Four						
5	Fives	5 For Each Five						
6	Sixes	6 For Each Six						
	Total							
Bonus Scores	If Total Is 63 – 70 : Bonus Score – 35 If Total Is 71 – 77: Bonus Score – 55 If Total Is Over 78 : Bonus Score – 75							
Basic Section Total								
	Kismet Section	**Scoring**						
7	2 Pair – Same Color	Total all dice						
8	3 Of A Kind	Total all dice						
9	Straight – 1,2,3,4,5 Or 2,3,4,5,6	30						
10	Flush (All Same Color)	35						
11	Full House	Total all dice plus 15						
12	Full House – Same Color	Total all dice plus 20						
13	4 of a kind	Total all dice plus 25						
14	Yarborough	Total All Dice						
15	Kismet	Total all dice plus 50						
Kismet Section Total								
Basic Section Total								
Final Total								

Kismet Score Sheet

Player's Name:

#	Basic Section	Scoring	Game 1	Game 2	Game 3	Game 4	Game 5	Game 6
1	Aces	1 For Each Ace						
2	Deuces	2 For Each Deuce						
3	Treys	3 For Each Trey						
4	Fours	4 For Each Four						
5	Fives	5 For Each Five						
6	Sixes	6 For Each Six						
	Total							
	Bonus Scores	If Total Is 63 – 70 : Bonus Score – 35 If Total Is 71 – 77: Bonus Score – 55 If Total Is Over 78 : Bonus Score – 75						
	Basic Section Total							

#	Kismet Section	Scoring	Game 1	Game 2	Game 3	Game 4	Game 5	Game 6
7	2 Pair – Same Color	Total all dice						
8	3 Of A Kind	Total all dice						
9	Straight – 1,2,3,4,5 Or 2,3,4,5,6	30						
10	Flush (All Same Color)	35						
11	Full House	Total all dice plus 15						
12	Full House – Same Color	Total all dice plus 20						
13	4 of a kind	Total all dice plus 25						
14	Yarborough	Total All Dice						
15	Kismet	Total all dice plus 50						
	Kismet Section Total							
	Basic Section Total							
	Final Total							

Kismet Score Sheet

Player's Name								
	Basic Section		Scoring	Game 1	Game 2	Game 3	Game 4	Game 5	Game 6
1	Aces		1 For Each Ace						
2	Deuces		2 For Each Deuce						
3	Treys		3 For Each Trey						
4	Fours		4 For Each Four						
5	Fives		5 For Each Five						
6	Sixes		6 For Each Six						
	Total								
	Bonus Scores	If Total Is 63 – 70 : Bonus Score – 35 If Total Is 71 – 77: Bonus Score – 55 If Total Is Over 78 : Bonus Score – 75							
	Basic Section Total								
	Kismet Section		Scoring						
7	2 Pair – Same Color		Total all dice						
8	3 Of A Kind		Total all dice						
9	Straight – 1,2,3,4,5 Or 2,3,4,5,6		30						
10	Flush (All Same Color)		35						
11	Full House		Total all dice plus 15						
12	Full House – Same Color		Total all dice plus 20						
13	4 of a kind		Total all dice plus 25						
14	Yarborough		Total All Dice						
15	Kismet		Total all dice plus 50						
Kismet Section Total									
Basic Section Total									
Final Total									

Kismet Score Sheet

Player's Name

	Basic Section	Scoring	Game 1	Game 2	Game 3	Game 4	Game 5	Game 6
1	Aces	1 For Each Ace						
2	Deuces	2 For Each Deuce						
3	Treys	3 For Each Trey						
4	Fours	4 For Each Four						
5	Fives	5 For Each Five						
6	Sixes	6 For Each Six						
	Total							
Bonus Scores	If Total Is 63 – 70 : Bonus Score – 35 If Total Is 71 – 77: Bonus Score – 55 If Total Is Over 78 : Bonus Score – 75							
	Basic Section Total							

	Kismet Section	Scoring						
7	2 Pair – Same Color	Total all dice						
8	3 Of A Kind	Total all dice						
9	Straight – 1,2,3,4,5 Or 2,3,4,5,6	30						
10	Flush (All Same Color)	35						
11	Full House	Total all dice plus 15						
12	Full House – Same Color	Total all dice plus 20						
13	4 of a kind	Total all dice plus 25						
14	Yarborough	Total All Dice						
15	Kismet	Total all dice plus 50						
	Kismet Section Total							
	Basic Section Total							
	Final Total							

Kismet Score Sheet

Player's Name

	Basic Section	Scoring	Game 1	Game 2	Game 3	Game 4	Game 5	Game 6
1	Aces	1 For Each Ace						
2	Deuces	2 For Each Deuce						
3	Treys	3 For Each Trey						
4	Fours	4 For Each Four						
5	Fives	5 For Each Five						
6	Sixes	6 For Each Six						
	Total							
	Bonus Scores	If Total Is 63 – 70 : Bonus Score – 35 If Total Is 71 – 77: Bonus Score – 55 If Total Is Over 78 : Bonus Score – 75						
	Basic Section Total							
	Kismet Section	Scoring						
7	2 Pair – Same Color	Total all dice						
8	3 Of A Kind	Total all dice						
9	Straight – 1,2,3,4,5 Or 2,3,4,5,6	30						
10	Flush (All Same Color)	35						
11	Full House	Total all dice plus 15						
12	Full House – Same Color	Total all dice plus 20						
13	4 of a kind	Total all dice plus 25						
14	Yarborough	Total All Dice						
15	Kismet	Total all dice plus 50						
	Kismet Section Total							
	Basic Section Total							
	Final Total							

Kismet Score Sheet

Player's Name								

#	Basic Section	Scoring	Game 1	Game 2	Game 3	Game 4	Game 5	Game 6
1	Aces	1 For Each Ace						
2	Deuces	2 For Each Deuce						
3	Treys	3 For Each Trey						
4	Fours	4 For Each Four						
5	Fives	5 For Each Five						
6	Sixes	6 For Each Six						
	Total							
Bonus Scores	If Total Is 63 – 70 : Bonus Score – 35 If Total Is 71 – 77: Bonus Score – 55 If Total Is Over 78 : Bonus Score – 75							
	Basic Section Total							

#	Kismet Section	Scoring	Game 1	Game 2	Game 3	Game 4	Game 5	Game 6
7	2 Pair – Same Color	Total all dice						
8	3 Of A Kind	Total all dice						
9	Straight – 1,2,3,4,5 Or 2,3,4,5,6	30						
10	Flush (All Same Color)	35						
11	Full House	Total all dice plus 15						
12	Full House – Same Color	Total all dice plus 20						
13	4 of a kind	Total all dice plus 25						
14	Yarborough	Total All Dice						
15	Kismet	Total all dice plus 50						

Kismet Section Total						
Basic Section Total						
Final Total						

Kismet Score Sheet

Player's Name								
	Basic Section		Scoring	Game 1	Game 2	Game 3	Game 4	Game 5	Game 6
1	Aces		1 For Each Ace						
2	Deuces		2 For Each Deuce						
3	Treys		3 For Each Trey						
4	Fours		4 For Each Four						
5	Fives		5 For Each Five						
6	Sixes		6 For Each Six						
	Total								
	Bonus Scores	If Total Is 63 – 70 : Bonus Score – 35 If Total Is 71 – 77: Bonus Score – 55 If Total Is Over 78 : Bonus Score – 75							
	Basic Section Total								
	Kismet Section		Scoring						
7	2 Pair – Same Color		Total all dice						
8	3 Of A Kind		Total all dice						
9	Straight – 1,2,3,4,5 Or 2,3,4,5,6		30						
10	Flush (All Same Color)		35						
11	Full House		Total all dice plus 15						
12	Full House – Same Color		Total all dice plus 20						
13	4 of a kind		Total all dice plus 25						
14	Yarborough		Total All Dice						
15	Kismet		Total all dice plus 50						
Kismet Section Total									
Basic Section Total									
Final Total									

Kismet Score Sheet

Player's Name:

	Basic Section	Scoring	Game 1	Game 2	Game 3	Game 4	Game 5	Game 6
1	Aces	1 For Each Ace						
2	Deuces	2 For Each Deuce						
3	Treys	3 For Each Trey						
4	Fours	4 For Each Four						
5	Fives	5 For Each Five						
6	Sixes	6 For Each Six						
		Total						
	Bonus Scores	If Total Is 63 – 70 : Bonus Score – 35 If Total Is 71 – 77: Bonus Score – 55 If Total Is Over 78 : Bonus Score – 75						
		Basic Section Total						
	Kismet Section	Scoring						
7	2 Pair – Same Color	Total all dice						
8	3 Of A Kind	Total all dice						
9	Straight – 1,2,3,4,5 Or 2,3,4,5,6	30						
10	Flush (All Same Color)	35						
11	Full House	Total all dice plus 15						
12	Full House – Same Color	Total all dice plus 20						
13	4 of a kind	Total all dice plus 25						
14	Yarborough	Total All Dice						
15	Kismet	Total all dice plus 50						
	Kismet Section Total							
	Basic Section Total							
	Final Total							

Kismet Score Sheet

Player's Name			Game 1	Game 2	Game 3	Game 4	Game 5	Game 6
Basic Section		**Scoring**						
1	Aces	1 For Each Ace						
2	Deuces	2 For Each Deuce						
3	Treys	3 For Each Trey						
4	Fours	4 For Each Four						
5	Fives	5 For Each Five						
6	Sixes	6 For Each Six						
	Total							
Bonus Scores	If Total Is 63 – 70 : Bonus Score – 35 If Total Is 71 – 77: Bonus Score – 55 If Total Is Over 78 : Bonus Score – 75							
Basic Section Total								
	Kismet Section	**Scoring**						
7	2 Pair – Same Color	Total all dice						
8	3 Of A Kind	Total all dice						
9	Straight – 1,2,3,4,5 Or 2,3,4,5,6	30						
10	Flush (All Same Color)	35						
11	Full House	Total all dice plus 15						
12	Full House – Same Color	Total all dice plus 20						
13	4 of a kind	Total all dice plus 25						
14	Yarborough	Total All Dice						
15	Kismet	Total all dice plus 50						
Kismet Section Total								
Basic Section Total								
Final Total								

Kismet Score Sheet

Player's Name								

	Basic Section	Scoring	Game 1	Game 2	Game 3	Game 4	Game 5	Game 6
1	Aces	1 For Each Ace						
2	Deuces	2 For Each Deuce						
3	Treys	3 For Each Trey						
4	Fours	4 For Each Four						
5	Fives	5 For Each Five						
6	Sixes	6 For Each Six						
		Total						
	Bonus Scores	If Total Is 63 – 70 : Bonus Score – 35 If Total Is 71 – 77: Bonus Score – 55 If Total Is Over 78 : Bonus Score – 75						
		Basic Section Total						
	Kismet Section	Scoring						
7	2 Pair – Same Color	Total all dice						
8	3 Of A Kind	Total all dice						
9	Straight – 1,2,3,4,5 Or 2,3,4,5,6	30						
10	Flush (All Same Color)	35						
11	Full House	Total all dice plus 15						
12	Full House – Same Color	Total all dice plus 20						
13	4 of a kind	Total all dice plus 25						
14	Yarborough	Total All Dice						
15	Kismet	Total all dice plus 50						
		Kismet Section Total						
		Basic Section Total						
		Final Total						

Kismet Score Sheet

Player's Name			Game 1 Lori	Game 2 Randee	Game 3 Rachel	Game 4 Damon	Game 5	Game 6
	Basic Section	Scoring						
1	Aces	1 For Each Ace	2	2	0	0		
2	Deuces	2 For Each Deuce	4	6	4	6		
3	Treys	3 For Each Trey	6	0	6	9		
4	Fours	4 For Each Four	8	16	16	16		
5	Fives	5 For Each Five	5	15	20	15		
6	Sixes	6 For Each Six	30	12	18	12		
	Total		55	51	64	58		
	Bonus Scores	If Total Is 63 – 70 : Bonus Score – 35 If Total Is 71 – 77: Bonus Score – 55 If Total Is Over 78 : Bonus Score – 75	55	51	35	58		
	Basic Section Total				99			
	Kismet Section	Scoring						
7	2 Pair – Same Color	Total all dice	22	20	20	20		
8	3 Of A Kind	Total all dice	29	18	22	24		
9	Straight – 1,2,3,4,5 Or 2,3,4,5,6	30	30	30	30	0		
10	Flush (All Same Color)	35	35	35	35	35		
11	Full House	Total all dice plus 15	23	43	24	29		
12	Full House – Same Color	Total all dice plus 20	50	40	36	40		
13	4 of a kind	Total all dice plus 25	51	54	51	51		
14	Yarborough	Total All Dice	20	20	24	24		
15	Kismet	Total all dice plus 50	75	0	0	0		
Kismet Section Total			335	240	242	223		
Basic Section Total			55	51	99	58		
Final Total			390	291	341	281		

Kismet Score Sheet

Player's Name

	Basic Section	Scoring	Game 1 Rachel	Game 2 Damon	Game 3 Rachel	Game 4 Damon	Game 5	Game 6
1	Aces	1 For Each Ace	1	4	1	1		
2	Deuces	2 For Each Deuce	4	4	6	4		
3	Treys	3 For Each Trey	²12	₃9	39	9		
4	Fours	4 For Each Four	12	16	16	₃8		
5	Fives	5 For Each Five	15	20	15	15		
6	Sixes	6 For Each Six	18	18	18	18		
		Total	62	73	65	55		
Bonus Scores	If Total Is 63 – 70 : Bonus Score – 35 If Total Is 71 – 77: Bonus Score – 55 If Total Is Over 78 : Bonus Score – 75		0	55	35	0		
	Basic Section Total		62	126	100	55		
	Kismet Section	Scoring						
7	2 Pair – Same Color	Total all dice	¹20	²17	³16	0		
8	3 Of A Kind	Total all dice	23	16	26	²11		
9	Straight – 1,2,3,4,5 Or 2,3,4,5,6	30	30	30	X	30		
10	Flush (All Same Color)	35	35	35	35	35		
11	Full House	Total all dice plus 15	X	33	26	27		
12	Full House – Same Color	Total all dice plus 20	X	40	37	37		
13	4 of a kind	Total all dice plus 25	X	X	X	X		
14	Yarborough	Total All Dice	18	23	20	22		
15	Kismet	Total all dice plus 50	X	75	X	X		
	Kismet Section Total		146	269	160	162		
	Basic Section Total		62	126	100	55		
	Final Total		208	395	(260)	217		

Kismet Score Sheet

	Basic Section	Scoring	Game 1 Damon	Game 2 Rachel	Game 3 Rachel	Game 4 Damon	Game 5 Rachel	Game 6 Damon
1	Aces	1 For Each Ace	3	1	4	3	2	1
2	Deuces	2 For Each Deuce	6	2	2	6	4	6
3	Treys	3 For Each Trey	6	3	12	9	6	12
4	Fours	4 For Each Four	16	16	16	8	8	12
5	Fives	5 For Each Five	10	15	10	15	5	10
6	Sixes	6 For Each Six	24	24	18	24	18	24
	Total		65	51	62	65	33	65
	Bonus Scores	If Total Is 63 – 70 : Bonus Score – 35 / If Total Is 71 – 77: Bonus Score – 55 / If Total Is Over 78 : Bonus Score – 75	35	0	0	35	0	35
	Basic Section Total		100	51	62	100	33	100
	Kismet Section	Scoring						
7	2 Pair – Same Color	Total all dice	16	17	15	20	18	17
8	3 Of A Kind	Total all dice	18	21	22	24	24	18
9	Straight – 1,2,3,4,5 Or 2,3,4,5,6	30	30	30	30	0	30	X
10	Flush (All Same Color)	35	35	X	0	35	35	35
11	Full House	Total all dice plus 15	23	22	29	32	37	28
12	Full House – Same Color	Total all dice plus 20	37	X	38	0	X	38
13	4 of a kind	Total all dice plus 25	X	X	51	51	X	X
14	Yarborough	Total All Dice	20	25	23	14	23	22
15	Kismet	Total all dice plus 50	X	X	X	75	X	55
	Kismet Section Total		179	125	208	243	167	213
	Basic Section Total		100	51	62	100	33	100
	Final Total		279	176	270	343	200	313

Kismet Score Sheet

	Basic Section	Scoring	Game 1 Rachel	Game 2 Damon	Game 3 Rachel	Game 4 Damon	Game 5 Rachel	Game 6 Dan
1	Aces	1 For Each Ace	2	3	/	/	2	1
2	Deuces	2 For Each Deuce	4	6	2	6	4	4
3	Treys	3 For Each Trey	9	6	3	12	6	9
4	Fours	4 For Each Four	12	8	12	12	12	16
5	Fives	5 For Each Five	15	15	20	10	15	15
6	Sixes	6 For Each Six	12	24	18	18	18	18
	Total		54	62	45	58	57	63
Bonus Scores	If Total Is 63–70 : Bonus Score – 35 If Total Is 71–77: Bonus Score – 55 If Total Is Over 78 : Bonus Score – 75		/	/	/	/	/	35
	Basic Section Total		54	62	45	58	57	98
	Kismet Section	Scoring						
7	2 Pair – Same Color	Total all dice	19	20	19	18	21	16
8	3 Of A Kind	Total all dice	28	14	24	23	26	/
9	Straight – 1,2,3,4,5 Or 2,3,4,5,6	30	30	30	30	30	30	30
10	Flush (All Same Color)	35	/	/	35	/	35	/
11	Full House	Total all dice plus 15	24	/	33	32	33	39
12	Full House – Same Color	Total all dice plus 20	40	39	/	35	/	/
13	4 of a kind	Total all dice plus 25	/	/	53	48	50	49
14	Yarborough	Total All Dice	20	21	14	20	26	24
15	Kismet	Total all dice plus 50	75	75	75	/	/	/
	Kismet Section Total		161	179	273	206	221	158
	Basic Section Total		54	62	45	58	57	98
	Final Total		215	241	(318)	264	(278)	256

Kismet Score Sheet

	Basic Section	Scoring	Game 1 Damon	Game 2 Rachel	Game 3 Damon	Game 4 Rachel	Game 5 Damon	Game 6 Rachel
1	Aces	1 For Each Ace	1	2	2	2	2	2
2	Deuces	2 For Each Deuce	6	6	4	2	6	2
3	Treys	3 For Each Trey	9	9	6	12	0	3
4	Fours	4 For Each Four	12	12	8	12	12	12
5	Fives	5 For Each Five	10	5	10	20	0	10
6	Sixes	6 For Each Six	24	18	24	18	24	12
		Total	62	52	58	66	44	41
Bonus Scores	If Total Is 63 – 70: Bonus Score – 35 / If Total Is 71 – 77: Bonus Score – 55 / If Total Is Over 78: Bonus Score – 75					35		
		Basic Section Total				101		41
	Kismet Section	Scoring						
7	2 Pair – Same Color	Total all dice	17	15	16	19	—	20
8	3 Of A Kind	Total all dice	25	24	29	12	18	18
9	Straight – 1,2,3,4,5 Or 2,3,4,5,6	30	30	30	—	30	—	30
10	Flush (All Same Color)	35	35	—	35	35	35	35
11	Full House	Total all dice plus 15	33	34	32	37	30	36
12	Full House – Same Color	Total all dice plus 20	—	—	—	37	39	37
13	4 of a kind	Total all dice plus 25	—	—	50	54	—	30
14	Yarborough	Total All Dice	16	13	25	25	15	16
15	Kismet	Total all dice plus 50	80	—	—	55	—	65
	Kismet Section Total		234	126	187	304	146	287
	Basic Section Total		62	52	56	101	44	41
	Final Total		296	178	243	(405)	190	(328)

Made in the USA
San Bernardino, CA
27 March 2019